人脈致富

解鎖溝通力，突破社交困境
累積人際紅利的關鍵法則

王勵新 著

目次 Content

／提升自己的親和力／人際關係就像同心圓，一層一層向外拓展／尋找自己的小團體／朋友像老酒，越陳越香／名人效應：百事可樂與倫敦市政府的成功行銷案例／運用名人效應的三大原則

第六章

維持長久而穩定的人際關係

打造值得信賴的形象／反對也要有風度／滴水穿石，唯有把交流變成習慣，才能打造堅實的社交圈／網路時代的社交準則

◉推薦序

朋友變多知心變少，你更要懂得有效經營人脈

閱讀人社團主編／**鄭俊德**

你有沒有發覺，友誼這件事情，隨著年紀越大，朋友變多，但是知心的卻更少。學生時期，失去朋友可能讓你難過好幾天，但年紀漸大後，有時失去朋友，反而鬆一口氣。為什麼差別會這麼大？是不在乎友情還是對於友情的需求看得更開了呢？這本書《人脈致富》提到，我們基本上無時無刻都在進行社交，只要是與人連結、締結關係，就是在建立社交友誼。

當然，年紀越大所連結的關係人物就越多，見多識廣後，越能知道哪些是損友、益友、酒肉朋友，以及相見不如懷念的人。每天的時間只有二十四小時，給了家人、給了工作，如果還要把時間安排給朋友，你當然會挑那些

對生活有助益的人。

這些人不一定會帶來實質上的好處，若能陪你抒發心情、一起大口吃肉看球賽，或是一起讀書討論、看看電影，都是益友。好友不一定要天天見面，但是當太過無聊或是工作有難時，你總會想聯絡對方。

後來更因社交平台的出現，打破了傳統的交友模式，所以交流不一定要面對面，現在很多夥伴都是從沒見過面的臉書朋友，有時交情還更甚於常常見面的同事。不過，無論是現實與臉書上的朋友，數量越來越多的話，有時我們也會迷失，搞不清誰是真正的朋友。因此我們要懂得有效整理人脈，重新定義社交關係。

書中有提到「人際關係三維理論」，人際交往的願望和需求每個人都有，人際需求又分成「包容」、「支配」和「情感」三種，具體內容依序為：

包容他人與被人包容；

能夠控制某些事情又希望有人能夠出主意；

希望被人安慰也希望能夠鼓勵他人。

「人際關係三維理論」是人性對於友誼的底層需求。確定你的需求後，你就會渴望友情關係出現，緊接著踏出交流的第一步；有的人輕而易舉，有的人則是舉步維艱。而每個人的社交技巧有高有低，在書中提到，有些人會有以下的困難：討厭尷尬氣氛、找不到方法、不知道怎麼接話、害怕被拒絕以及喜歡獨來獨往。

害怕尷尬：不知道如何搭話。過去太多冷場的經驗，不大會接話，使氣氛更加凝結。

找不到方法：想要主動去跟對方認識，但是擔心自己過度熱情，使對方畏懼，以至於馬上拒絕。

不知道怎麼接話：沒有主動交朋友的經驗。不清楚該如何開始交談，也不知道該如何培養感情。

害怕被人拒絕：不敢提出要求，所以失去了很多機會。

喜歡獨來獨往：有些人感覺交朋友花時間又花錢，又是吃飯又是出遊，要是交到酒肉朋友或是損友就虧大了。

以上這些狀況，是不少人在交朋友前，自己嚇自己的內心對話。不過既然知道難題，就一定有解法，書中提供以下提示：

一、提前排練，給自己建立提示點。

熟能生巧，只要反覆練習，就不會畏懼與人交談。一開始，可以找自己熟識的朋友來練習聊天，也可以參與一些小型的讀書會，透過有交集的共同話題，讓自己慢慢熟練對談技巧。

二、自我暗示，讓對成功的渴望充斥內心。

只有你相信的事情，你才會看見它發生。如果你總是說「不可能、我做不到、我沒朋友」，這些暗示就會成真。但如果你相信自己可以改變，那就有機會成真。

三、留意肢體語言，克服內心的緊張。

書中提到，透過身體的各種動作，我們也能傳達訊息，與外界溝通交流。有時不知道該如何表達的話，就用表情或姿態來回應，而音調與服儀也能表現出自信。

當然，以上只是《人脈致富》部分重點，如果你想知道如何討人喜歡？而三種人際關係模式，你適合哪一種？如何建立屬於自己的人際網路？如何維持長久而穩定的人際關係？這本書都有答案。

我們都需要朋友，但在找朋友之前，如何使自己不踩雷、有效地創造人脈，把這本書讀懂是必要的。

第一章
什麼是社交

大家普遍認為，社交只是為了某些利益，
其實並非如此，它是日常生活的一般活動。
從交換資訊到分享利益，
在生活中，我們無時無刻都在從事社交。

生活的主體就是社交活動

「人類最深層的本性，就是渴望得到別人的重視。」

——美國哲學家威廉·詹姆士

提到人際交往或者社交，人們第一個想到的畫面，不是飲酒作樂的場合，就是抽屜中一堆想不起在哪裡拿到的名片。其實，跟大家的印象不同，社交不是為了拉關係。仔細回想一下，你有沒有做過以下事情：

在社群軟體上給朋友按讚；

和同事約好一起吃飯、搭車回家；

出於個人喜好轉貼或評論網路文章；

打電話問候父母、親戚；

和老同學聚會；
與客戶見面交換名片；
參加公司內外的會議和活動；
介紹不熟悉的朋友互相認識……

上述所有行為，其實都是社交活動，當中與你互動的人，組成了你的人際網路。接著我們就可以把他們劃分至不同的圈子，比方說親屬、職場、同學等。更進一步說，親屬可以按照親密程度劃分為至親和遠親，職場可以依時間分為前同事和現任同事。透過這種細分，我們對自己的社交圈會有更清楚的架構。有些話可以跟前同事說，但有些訊息就不適合透露給目前的同事。你能夠分享的資訊要有所保留，尤其在工作上有利害關係的同事，交談時就需要更加謹慎。

簡而言之，社交就是人際交往的總合，它建立在血緣、生活環境、地域、喜好、事業等多個方面。在與他人的互動過程中，我們不經意地建立、維繫自己的人際網路，並根據每個對象的個性，改變相應的相處模式。人際關係主要有三種模式：即傳統、戰略性與交集點。我們在第四章將會詳細介紹，並逐一分析。

從內在產生動力才會有真正的改變

了解社交的範圍後，先別急著設定自己的理論與方法去建立社交圈。先想想看自己拓展人際關係的理由是什麼，這樣才能提高成功的機率。

我們都知道，任何改變都不會一蹴可幾，尤其在學習新技能時，邁向成功的第一個門檻就是找到動力，也可說是動機。大家很容易因為一時興起就做出某個決定，但內心還沒有真正的動力，那麼自然也不會付出相應的努力。建立人際關係也是如此，只有在動力充足、動機明確的情況下，才有可能出現突破性的進展，並進而深化人與人的連結。

我有一位朋友，姑且稱她為李小姐，在公司工作了五年，業績屬於中上水準，但一直沒有晉升的機會。她的能力很強，但一直都有焦慮的問題，經常酗酒，還有嚴重的菸癮。焦慮和菸酒癮哪個是因、哪個是果，其實她自己也不太清楚。在一次公司活動中，她喝了點兒酒，在微醺的狀態下，跟同事開了個下流的玩笑，令人尷尬的是，當時她身邊不只有同事，客戶也在其中。笑話說完以後，現場頓時鴉雀無聲，每個人都有些不知所措，她立刻就知道說錯話了。一整個晚上，她都在懊悔中度過。

這種情況已經不是第一次了。事實上，不經考慮便脫口而出已經成了她的個人特色。認識她的人很快都會發現這個問題，並判定她是個不長眼的人。那一整晚，同事和客戶都不跟她說話，鬱悶的李小姐回到家中，為了排解不快和內疚，讓自己徹底忘記這一切，她忍不住又喝了點兒酒，隨後便昏昏沉沉地睡了過去，直到第二天她妹妹和鄰居一起撬開她家大門。

從上面這個故事，我們可以大概看出，李小姐是個焦慮症患者，也是個酒鬼，她本人卻是到這次事件發生後，才意識到這個事實。在她眼中，自己只是壓力過大才喝點酒緩解一下。她並沒有意識到自己對酒的依賴，也沒提防酒醉失控造成的問題，其實那多少加劇了她的焦慮症。

幾年前，李小姐有幾次因為宿醉不醒而感到害怕，因此約見了一位心理諮商師，在對方的幫助下調整心態，控制自己的行為。那兩個月裡，她確實沒有喝過一點酒，所以她認為自己沒有酗酒的問題，之前不過是壓力太大才一時失控，不然自己怎麼可能這麼快就戒掉？因此，她買了酒回家，決定驗證自己的判斷。當天，她獨自喝光了酒，感覺很棒，於是故態萌發。直到第二天被妹妹和鄰居叫醒，看著鏡中的自己，她不得不承認，自己是個酒鬼，一定要徹底戒除酒癮。

隨後，李小姐重新開始接受治療，醫生也會定期來探訪，她還加入了健身俱樂部，用更健康的方式緩解壓力。她過去總是眼神迷離，但如今目光堅定、談吐有自信，還升職成了總監，撐起了公司的對外業務。

那麼，讓李小姐改變的根本原因是什麼呢？在經歷過反反覆覆的酗酒問題之後，是什麼叫醒了這個裝睡的人呢？

有明確的自我期待與了解，才能建立深刻的人際關係

李小姐每一次戒酒都有動機，比方說意識到自己的狀態不夠好，或者又搞砸了一次會面。但這樣的狀態都沒能持續很久，每一次改變都成了虎頭蛇尾的失敗經歷。她並非缺乏動機，只是動力有大有小，就像許多人喜歡在搭公車或地鐵時背英文單字，但真正專心投入的人少之又少，很多人會設定打卡目標，但只是為了滿足帳面上的成就感，壓根就沒有把心思放在單字上，那學習效果自然不佳。對李小姐來說，每次戒酒都像在打卡一樣，但她缺乏內在動力，很快就把它當成痛苦的例行公事，一撐不下去就放棄。

直到這次醉倒，她被鄰居和妹妹叫醒後，才發現自己的生活環境一團亂。前一晚不堪的經歷令她悔恨不已，顯然她已失去對現實的掌控力。她

終於明白，不論如何辯解、如何為自己找藉口，她都已經變成了自己最不想成為的人。在家人與同事眼裡，她就是個酒鬼。如今，她終於撥開眼前的迷霧，願意面對真實的自己。她幻想中的那個美好形象驟然崩塌，那個成功優雅的OL早已不復存在。時隔多年她才睜開雙眼去接受事實，也不得不做出改變，因為她的生活已經夠糟了，深陷人生的低谷中了。

對大多數人來說，生活做出改變的根本原因，就是達到自己容忍的極限了，不得不踏出舒適圈，或者說，連他們都沒想到自己會過這麼慘。李小姐每一次嘗試戒酒，都是出於不滿自己的現狀，但還沒有到達臨界值，所以才會失敗。也就是說，她還不認為自己處在人生的低谷了。所以，人們常說，要到「觸底反彈」才有轉機。對每個人來說，想要產生足夠強的動機，就要及早碰觸並認清自己的極限，因為要對自己設下明確的目標。我們或許不像李小姐那樣，生活有這麼多衝突並帶來嚴重的後果，但是，有明確的自我期許，才有助於我們獲得更大的成長動力。

在深刻的自我期許下，我們確認自己的目標，尋找自己的方向和道路，對未來也就有更清晰的規劃。如此一來，我們才能不時調整自己的行為，並產生希望、信念等正面的力量，也更容易就看清，現實和理想中的自己落差有多少。所以，突破自我的根本方法在於，先對自己有清楚的認識，找出內心渴望的目標，並期許自己能實現它。當期待與現實不符時，改變的契機就來了。先前預設的目標越清楚，就知道與現實的落差有多少，渴望改變的動力也就越大。

舉個例子，你認為自己是某方面的專業人士。當然，「專業」這個詞沒有明確的定義，熱情開朗是一種專業，內斂穩重也是，但這兩種態度屬性不同。開朗的人容易交到朋友，但你不能因此刻意去跟人裝熟。穩重的人很受歡迎，你也不需因此改頭換面，去否定自己的本性與行事風格。自我定位飄忽不定，對生活的方向和未來就會感到迷茫，事業上就很難取得進步。

針對上述問題，戴夫可以說是活例子。他的性格比較內向，雖稱不上孤僻，但確實不會主動去跟人拉關係。剛入職的時候，他的問題並不明顯，頂多算是慢熟。但同期入職的馬克很快就通過試用期，這時戴夫開始著急了。他覺得馬克個性比較開朗，和誰都能說上話，在短時間內得到了同事和部門主管的認可，所以才很快能轉成正職。

於是戴夫開始模仿馬克的風格，努力和別人搭話。但他本身個性太內向，總是說著說著就不小心冷場，反而令對方尷尬。他總是很苦惱，不知道聊天該說些什麼。最後他還是通過試用期，但是這種刻意維持的假開朗沒辦法讓他跟客戶打好關係。戴夫身邊有位比較沉默的同事，某次居然談成一筆金額不小的訂單，而且客戶還誇讚此同事成熟穩重，跟他合作很放心。這時戴夫又迷茫了，想要再一次轉變形象。

戴夫其實不明白自己想要什麼，只是羨慕別人在職場上遊刃有餘、到處都吃得開。他不知道自己的本性，只是渴望被肯定、成為別人羨慕的對象，但他理想中的樣子不過是個空殼子，毫無實質的想法與做法。他迫切想要成為更好的人，卻忘了靜下來，好好觀察自己，並想一想對未來的期待。

請記住，認識自己，對自己有明確的期待，不要太偏離事實，才能開始掌握並運用人際關係。你可以根據本書第三章中的測試結果，對自己產生更清晰的認知，並選擇適合你的方式去建立人際關係。

小測試　如何發現隱藏的自己？

美國心理學家約瑟夫．盧夫特（Joseph Luft）和哈利．英漢姆（Harry Ingham）提出「周哈里視窗」（Johari Window），以說明自我剖析與人際溝通的差異問題。透過更廣泛、更深入的交流，你可以擴大開放區，縮小盲目區和隱密區，並且開發未知區，逐步加深對自我的認識。定義如下：

開放區：你和他人都知道的資訊，包括你的年齡、學歷、性別等。

盲目區：他人知道你某些資訊，但你自己不知道，如外界對你的評價、看法等。

隱密區：你自己知道，但他人不知道的資訊，如你的隱私、小祕密等。

未知區：你自己不知道、他人也不知道的資訊，如你的潛能和未發掘的才華。

按照上述提示，定時填寫下面的表格：

日　期：	
開放區：	盲目區：
隱密區：	未知區：

網路讓人與人的距離更加接近

很多人都聽過一個說法：「六個人就能讓你認識全世界。」這是一九六七年美國社會心理學家米爾格蘭（Stanley Milgram）提出的，意思是「你和任何一個陌生人之間所間隔的人不會超過五個」。也就是說，根據這個理論，若你想認識某人，不管對方離你有多遠、生活在哪裡，只要透過五個人，你們就能夠建立聯繫。這似乎是一件不可思議的事情。試想一下，透過五個人，你就能夠跨越一切界線，甚至和知名人物拉上關係，這怎麼可能呢？然而，這個理論早已得到驗證。最好的例子就是一九九三年的凱文・貝肯（Kevin Bacon）實驗，當時還在讀大學的三名大學生發明了一款遊戲，規則很簡單，只要透過六部電影，就一定能發現好萊塢演員凱文・貝肯也參與其中。

這算得上是六度分隔理論的小小應用遊戲，更可信的資料來自理論的提出者米爾格蘭，他成功地透過一封連鎖信證明這個理論的可行性。他準備了一百六十封信，隨機寄給住在美國各大城市的居民。在信中，他提到一位波士頓的股票經紀人，並要求收信者想想看身邊誰認識他，並把信轉寄出去。收到這封信的親友也要跟著信上的要求去做，直到這位股票經紀人收到信。實驗結果證明，大部分的信件都成功到達了目的地，平均經過六次轉寄。

有人會覺得驚訝，甚至感到難以置信。網路上流行過一句話：「人生就是一個圓。」很多人都相信，自己的人生有範圍限制，每天有固定的活動路線，看著熟悉的街道，知道每一間路過的店鋪，朋友來來回回就那麼幾個人，娛樂地點最遠也不過是大型商場或是離家近的電影院，然而，這一切只是因為你忽略了外界的變化。我們處於舒適且比較熟悉的環境時，總會不自覺地降低對外的敏感度，自然而然也會忘記觀察生活。在環境的潛移默化下，我們會忽略身邊所有微小的變化，直到某一天，才發現這些變化大到無法忽略。在現實生活中，每分每秒都有事物在改變，你和身邊的人事物都處於活動狀態，只是你忽略了而已。現在回想一下，你每天上班的路上都在做什麼呢？聽歌、玩手機，還是觀察四周？

我有個朋友，每天搭乘地鐵上班，他非常喜歡玩手機，就連轉車空檔的那一點時間也不放過。在某個星期，車站廣播了很多天「週日晚上八點提早結束營運」，他硬是沒有注意到，結果週日晚上只好坐計程車回家。回想起這件事，他自己也覺得不可思議。他自認搭車時沒有沉迷於手機中，走路也沒有撞過人，卻彷彿身處另一個世界，外界的一切資訊都被隔離開來。

在這個資訊爆炸的時代，不論是主動還是被動，我們太容易得到各式各樣的資訊，它們會構成一道無形的保護罩，並逐漸蔓延到現實生活中，讓你以為自己的生活範圍很小，交際圈也不大、沒什麼朋友。但真相是，你只是把自己隔離成了一座「孤島」，雖然生活有一定的範圍，但它遠比你所想像的大得多。拒絕與外界接觸，你就會把圈子一點點縮小，不知不覺忽略了拓展人際關係的契機。六度分隔理論證明了這一點，你認為自己的社交圈不可能擴大，或許是因為你忽略了那六個關鍵人物，所以才無法串連起更多的朋友。

小武是一名普通的上班族，從小說話就有點口吃，所以一直不喜歡和外界交流。他的小學同學、中學同學甚至大學同學，沒有人和他深入交流過。工作之後，和同齡人相比，他依舊沉默寡言，和身邊同事、主管的關係都很疏離。主管其實不太熟悉小武的個性與資質，反正從表面來看，小武對公司發展和前景也沒發表過什麼令人耳目一新的言論。在這樣的情況下，小武一直沒有機會升職。和小武交談時，我還發現他在生活和在工作中的狀態是一樣的，始終把外界隔得遠遠的。對小武而言，想要突破工作上的困境，重點在於提升與人交流和相處的能力。

後來，小武終於認識到，工作不單單是完成任務，還需要交流和溝通。他的沉默和不愛與人相處，讓身邊的人對他敬而遠之。在思考後小武決心改變自己，他用半年的時間努力提升自己的溝通能力，之後我們又一次見了面。這一次，小武給人的感覺像脫胎換骨一樣，雖然他依舊不會主動找人聊天或是呼朋引伴，但舉止看起來很從容，不會給人格格不入的感覺。他和我分享了他改變之後的生活。雖然他沒有變得很愛說話，但開會時更常發表意見和提出方案，他發言時廢話不多，但總是點到關鍵處，以至於很多提案都得到重視，並獲得公司採納實行。在每次計畫執行過程中，他也學到更多的知識。

此時，他已經成了主管重點栽培的對象，進入了升職的候選名單。更重要的是，他現在深受主管和同事的肯定，人際網路擴大了不只一倍，人際關係也融洽許多。現在的他充滿自信，終於在自己的專業領域內有一定的工作成果，人際關係得到了改善，處事能力也提高了很多。平心而論，小武的個人能力毋庸置疑，他對自己的專業領域下過苦工，但此前因為拒絕與人交流，以至於沒有人知道他的能力，也沒有人發現他的潛力。當他真正表現出自己的可塑性時，機會便接踵而至，幫助他慢慢走向成功。

小武的例子告訴我們，我們的社交圈會那麼小，始作俑者不是別人，正是我們自己。你把自己當作孤島，那麼所謂的六度分隔理論自然就不可能實現。你總是忽略、漠視身邊的人事物，那又怎麼可能拓展人際關係呢？

卡內基是著名的社交大師，他有次去參加寫作課程，其中一堂課由知名的雜誌主編擔任講師。這位知名的主編和學員分享他如何判斷小說的品質。在主編看來，一部好小說，其作者一定喜歡與人來往，否則讀者不會喜歡他的故事。主編每天收到的小說有數十篇，而他的工作就是找到愛交朋友的作者。也就是說，作家必須對人感興趣，才會有好題材。卡內基後來在魔術大師薩斯頓（Howard Thurston）的表演中印證了這個觀點。那個晚上薩斯頓在百老匯進行最後一場表演，卡內基耐心地在他的化粧室等待，希望得知他的成功法則。

表演結束後薩斯頓慷慨地分享了他的祕訣，要點有二。首先，他本身的表演功力非常強，演出的每一個環節他都精心準備和彩排過。其次，他對觀眾抱有很大的興趣。對他而言，坐在台下的人不僅僅是觀眾，也是可以交流的對象，他希望把最好的表演呈現給他們看。正因為薩斯頓總是對外界感到好奇，想多了解和自己相關的人，所以表演事業才這麼成功。所以，想要發揮六度分隔理論的效用，就必須正視自己所處的環境，找回對生活的敏感度，認真看待身邊的人際關係。

事實上，在日常生活中，我們早已在六度分隔理論的架構下，建立了個人的社交網路。想一想如今最流行的臉書，它用最快捷的方式串聯起每個人，無論是同學或是親友，都能組合成社交圈。即便多年未見，你依舊可以輕易地透過臉書搜索到自己的中學或是小學同學，甚至可以直接聯繫到對方，而不需要再由其他人轉達。

再舉個身邊的例子，小劉是我的前助理，一九九〇後才出生的女孩。她從上大學時和朋友打賭，決定一個月內找到自己中學時暗戀的那個男生。她從兩方面下手，一邊聯繫自己的同學，一邊透過社群網站找尋對方的資訊。就在她發出消息一週後，她的個人社交帳號下面，出現了一條留言，正是她在尋找的那個男同學！

其實，透過社群網站找回老朋友、舉辦同學會的例子不在少數。以臉書為例，以親友為基礎的社交圈，再向外擴散，隨著臉書好友增多，就不再只限於單純的親友社交圈。有些人因為興趣而相識，有些人因為理念相同產生共鳴，我們的人際網路因此更有層次、也更廣泛。就像上述例子中的故事一樣，你和別人的距離，遠比你想得要近！

在現代社會中，社群網站和電子產品疾速發展，人與人之間的距離無限縮短，六度空間的概念也隨之發生了變化。傳統的社交方式以面對面溝通為主，但如今，類似臉書這樣的網站越來越多。總而言之，在科技發展的推波助瀾下，人與人的距離壓縮得更近，六度分隔理論更加屹立不搖。你仍可以相信，你和目標對象之間的距離，不會超過六個人。

關係的層層遞進

打個比方，和你有來往的人是一個點，這些點連成線，而在你的社交圈，你就是所有這些線條的交集核心。你不僅與他人連成線，也是其他人相互聯繫的中介點。正如跳棋一樣，這種古老的益智遊戲和我們建立人際網路的方式多少有點相似。按照跳棋的規則，棋子可以往相鄰的六個直線方向移動，而且，只要旁邊有另一個棋子，而後方空格沒有棋子，那麼不論該棋子是自己還是他人的，都可以直接移動至後方空格。除此之外，只要滿足相同的條件，棋子就可以連續移動。

建立人際網路的過程也是這樣，現有的朋友、同事就是和直線相連的棋子，憑藉他們的幫助，我們就可以跨越到關係更遠的朋友。也就是說，你可以接觸到朋友的朋友，找到目標，獲得想要的資訊。由此可見，我們的關係網路可以一層一層向外遞進，如同落入水面的一滴水，每一圈波紋逐漸向外擴張，而你，就在水滴落下的位置。

讀到這裡，或許你會認為，有直接關係的朋友就能帶來強烈的連鎖反應，那麼不妨多找一些這樣的朋友。但你要明白，每個人的精力有限，交際範圍不可能無限擴展。精力好比是一桶水，每條人際關係線都是一棵樹，種得樹越多，每棵樹能夠分到的水就越少，自然就長不大。

舉例來說，公關部門的新人阿祥交友廣泛。他大學念的是行銷，人際關係是他的專業領域，所以他非常注重這方面的發展。不論在公司還是在生活中，外向的他都非常喜歡結交朋友，並且會主動索取聯繫方式。他為自己設立了一個目標，臉書要加滿五百個同業的朋友。在他看來，實現這個目標之後，哪怕自己算不上業內的頂尖人士，好歹也會小有名氣。一開始進展得還順利，然而，隨著臉書好友越來越多，他發現自己的心態有點亂了。他加了太多個同業先進的臉書，但談不上有真正的交流，反倒是自己親友的日常動態，他都沒機會留意到。臉友名單不斷增加，如果不自己加一些備註，根本記不清是誰。面對日益增加的通訊名單，阿祥產生了深深的挫敗感，在每天更新的幾十條甚至幾百條動態消息中，他找不出自己需要的資訊，也分不清那些從沒在網路上互動的人是誰。就算是熟人，隔了好幾個月甚至好幾年沒有聯繫，該如何自然地再次互動，也是一個難題。

致力於發展人際關係沒有錯，但他錯在渴望和所有人建立關係。他擴大自己的人際關係網，但只注重人數，而忽略了品質，在這樣的情況下，不僅沒能真的擴大社交圈，還因精力分散，而疏遠了原本往來密切的親友。所以，個人直接與太多人有聯繫，其實毫無用處，真正重要的是建立有效的人際關係。首先我們要架構社交圈的跳板，也就是找到關鍵人物，才能順利向外拓展。

還要注意一點，與你有直接聯繫的朋友，就算背後隱藏其他人際網路，你也不一定能夠隨時取用、獲得幫助。要成為社交達人，並在四面八方建立管道，其實比你想像得要難得多。

舉個例子，傑瑞是一家分公司裡出名的萬事通，沒跟他說過話的同事少之又少，總公司的人都知道這位社交達人，他也一直認為自己很會交朋友。傑瑞的興趣廣泛，時刻關注國內外新聞，從社會消息到娛樂八卦，幾乎沒有他不知道的。因此，傑瑞總是能夠找到他人感興趣的話題，讓對方打開話匣子。大家都認為傑瑞的人緣極好，他也為此得意揚揚，認為自己的社交能力高人一等，直到公司委派他執行一項任務。在一次部門會議上，主管指派他為跨部門聯繫的負責人，專門處理分公司和總公司的溝通問題。

他原以為自己在分公司和總公司都認識不少人，當中還有不少熟人。跨越了好幾個部門，當然他不可能認識所有的人，但朋友的朋友也算有關係，既然大家都彼此認識，有什麼問題自然可以好好商量。結果，溝通了不到半個月他就焦頭爛額，想要放棄這個職務。雙方都對他不滿意；他明明答應了某方的要求，保證對方會接受，最後卻都沒能實現。傑瑞認為，總公司的人都有打過照面，有些事情應該可順利解決，分公司的同事又是熟人，可以理解自己的難處，應該也會幫忙處理。殊不知，他這樣攬下所有事情，雙方都十分不滿。

傑瑞失敗的原因很多，他搞錯了自己的責任，也沒弄清楚「有朋友好辦事」這句話的真正含義。因此，與其經營許多一對一的關係，不如耐心一些，建立可靠、互助的人際網路，這樣才能產生傳遞效應，發揮加乘的作用。同時，我們也要明白，讓他人來認識你也很重要。我們從傑瑞的失敗經驗看到，找到關鍵的人脈、培養交流的技能，人際關係才能向外延伸。每個人也都是他人社交圈的其中一環，所以我們應該學會為他人提供適當的援助。

小愛是一家公司的人事助理，人緣不錯，個性很溫和。後來公司聘請了櫃檯接待人員小文，性格比較開朗，跟小愛很合得來。兩人很快就成了閨密，一起下班、逛街，可說是形影不離。起初，公司的員工都很喜歡小文，認為她性格開朗，大方直爽又好相處，有什麼問題都會很快回報。然而，這個印象沒幾天就被打破了。她入職不到三個月，真正上班的時間最多也就一個半月，最後因為請假太多被辭退，為此小愛感到很難過。

然而，小文離職不到一週後，就接連有幾個同事爆料，說她借錢不還，現在還搞失聯。公司裡為此鬧得沸沸揚揚，連主管也介入處理。有人找到小愛，希望她能幫忙聯繫。這時小愛才意識到，小文的確有點問題，因為她也跟自己借了好幾次錢，剛開始還會還，後面就不斷耍賴了。小文離職兩個月後，甚至還有陌生人打電話給小愛，問她認不認識小文。

小文不是個誠實的人，而小愛一直沒有發現，也忽略了種種可疑的跡象。知道自己受騙後，她才回想起來，對方老是在迴避問題。小文總是在通訊軟體上說，不要急著催款，她正在經營副業，資金周轉比較慢。不過，但小愛從不知道對方在做什麼生意。小愛還想起，對方在逛街時總是花錢不手軟，但公司給的薪水並不多，她家也不是有錢人。這位朋友最後只留下一堆爛攤子，而小愛連對方住在哪裡都不知道。大家把她們當成閨密，所以要小愛為小文的過錯負一點責任。後來，同事都覺得小愛做人輕率、識人不清，所以對她的信任感減低，導致她在公司的發展受限。

因此，想要建立穩定的人際關係，一定要好好觀察來往的對象。他們都是關鍵人物，會帶我們走向某個社交方向；有德行、能力好的人自然會把我們引向成功之路，有問題的人不僅會消耗我們的精力，還會對我們產生不利的影響。因此，你是自己人際網路的中心，也是他人社交圈的一環，所以一定要留意來往的對象。

小測試　什麼樣的朋友值得結交？

以下列出幾個問題，在結交朋友時可以參考看看。決定和某人建立穩定的人際關係前，不妨多思考、多觀察一下這些面向：

一、此人對待親人是否和善、懷著感恩之心？

二、此人對待生活和工作是否認真，或是只喜歡抱怨、空口說白話？
三、此人對待他人是否真誠，或老是在背後詆毀他人？
四、此人是否忠於自我，能夠堅持自己的原則？
五、此人處理金錢是否謹慎，並懂得追求最大利益？
六、此人如何看待未來，是否有上進心、願意提升自己。

社交圈決定你能走多遠

幾乎每個人都幻想過，自己可以成為在社交場合呼朋引伴的那個人。有些人總是自豪「一通電話就能解決問題」，或是「我認識的消息來源知道內情」，這足以說明人際網路的最大功用，但很多人卻對它有很深的誤解。

一提到人際網路、社交圈、人脈等詞，大多數人的第一反應都是「攀關係」、「推銷商品」等有貶義的聯想。在人們的一般觀念中，「社交」這個詞不單單是交朋友，更會讓人想起半強迫性、不斷騷擾並總是麻煩別人的推銷行為。不論當事人是出於自願還是被要求，一踏入這種目的性極強的人際網路，內心總是會產生許多質疑。

這和中國人的傳統觀念有很深的關係。「素交」一詞出《文選》，這是中國現存的最早一部詩文總集，用來形容真誠純潔的友情。這兩個字完美地表達出人們對於友情的看法：單純而質樸。除此之外，我們還有「君子之交淡如水」、「與朋友交，久而敬之」等說法。在我們的傳統文化中，交朋友總不帶著任何功利性。也因此，在建立人際關係的過程中，要留意這一點。

在現實生活中，帶著某種目的所建立的關係，不論是當事人主動或被要求，大多很難長久。這不僅僅因為它功利性太強，還因為當事人的社交技巧和心理建設不足。一次失敗後，在未來若要重拾這段關係，就會面對更多困難。

讀者看到這裡或許會有些疑惑，建立人際網路不就是為了特定目的嗎？這個說法只有對一半。我們先想想，為什麼需要建立人際網路，由此展開討論。

首先，建立正常的人際網路是每個人的基本需求。一九四三年，美國心理學家馬斯洛（Abraham Maslow）提出了人本主義的心理學架構：「需求層次理論」。他將人類需求劃分為五個階段，從下到上依次是生理、安全、社交、尊重和自我實現。這五種需求缺一不可，就理論來說，越下層的越重要，要優先滿足，但現實的情況複雜得多。舉例來說，第三層的社交需求牽涉到人的情感和歸屬，很多研究都表明，它多少會影響其他需求的滿足感。

具體來講，找到歸屬感、情感上獲得照顧，心裡才會得到基本的安全感。物質需求獲得滿足，擁有自己的住所、有固定的收入，就會想與人建立親密關係，渴望擁有伴侶、孩子和朋友。除此之外，他希望被外界所接受，得到眾人的認可。以上這些願望若沒能滿足，那麼他的內心就會十分痛苦。

從心理學家鮑邁斯特（Roy Baumeister）和利亞里（Mark Leary）的研究中，我們更加理解人的情感和歸屬感。他們發現，人們為了滿足對感情和歸屬的需求，甚至願意犧牲第一層次的生理需求，比如吃飯、喝水。醫學研究者傑尼斯．格雷西發現，情感和歸屬需求沒有滿足的話，人會感到孤單。而長期孤獨有損健康，人們更容易患上心臟病等重大疾病，免疫功能也會受損。

綜上所述，良好的人際關係是我們內在的基本需求，人類甚至能為了它而犧牲基本的生理需求，它不僅和我們的心理衛生有關係，還影響到身體健康。因此，建立良好的人際關係，不僅能夠滿足我們的社會需求，也能確保我們的身心健康。

建立人際網路對我們的事業有一定的好處。首先，你藉此提升自己的價值，擴大自身的影響力，繼續把社交圈擴大。其次，你能隨時獲悉同業的資訊，以便及時把握市場變化。第三，你能夠解決更多的問題，負擔起更多的責任，成為獨當一面的專業人士。簡單地說，你將更容易獲得升職加薪的機會。

小傑任職於某公司的公關部門。公司即將舉辦新品發表會，由公關部負責企劃與執行。主管指示小傑，設法邀請知名作家作為嘉賓，並在一個月內確定對方是否可以出席。小傑以前從未和這位作家聯繫過，他嘗試了網路上能找到的所有連絡管道，但對方一直沒有回應。小傑為此煩惱不已，眼看交辦的期限就要到了，幸好有大幫手出現。小傑先前的合作夥伴得知了這個消息，趕緊設法聯繫。原來這位夥伴的女朋友在出版社工作，她隨即向熟識這位作家的編輯尋求幫助，最後成功要到了經紀人的電話。最終，小傑成功邀了這位作家出席活動，圓滿完成任務。

作為公關部門的一員，小傑總是需要面對各種各樣的燙手山芋。有時，他無法順利和名人取得聯繫，以前合作夥伴、友人就會挺身而出，幫助他解決問題。這個例子告訴我們，一般方式無法完成的工作，可以透過人際網路尋求協助，以快速找到目標、解決問題。除此之外，人際網路還有另一個好處，就是幫助我們得到更多、更好的機會。

我以前有位同事名叫里歐，因為公司辦公地點搬遷，決定離職另謀出路。提出離職申請獲得批准後，里歐準備在求職網站上刊登自己的個人資料。然而，他都還沒設定理想中的工作與職位，就有兩家公司請他去面試。從他決定離職到收到面試通知，其實還不到一週。兩家公司都很有誠意，提出的職位與薪資也符合里歐的期待。

這兩家公司會這麼快找到他，是因為有人大力推薦。此人是里歐的朋友，跟那兩家公司也有往來。他聽說里歐要離職的消息後，就推薦給熟識的朋友。他此前就和里歐合作過，所以能清楚跟對方提出推薦的理由，等於證明了里歐的工作能力。里歐很感激這位朋友的幫助，馬上就選好當中符合他的期望又待遇優渥的公司。

可以說，此時里歐已經成功打造他的個人品牌，而能力就是他的名片。和他合作過的每一個人都默默加入了他的人際網路。在朋友們的幫助下，里歐為自己打響名號，獲得業界一致的肯定。這些好名聲，就是里歐最好的履歷。他的人際關係非常成功。他憑著良好的工作能力，建立了優質的人際網路，而友人則幫他把名聲有效傳播出去。

人們常說：「你的朋友圈，決定了你的高度。」在很多人看來，某人結交什麼樣的朋友，便體現了此人的性格、修養、行事方法和思考模式。人容易被環境影響，尤其是被周圍的人所影響，這就是心理學上常說的「羊群效應」，或者也可以稱為「從眾效應」。也因此，很多人相信，在外界的強大影響力下，和什麼樣的人在一起，就會有什麼樣的人生。所以古人說「近朱者赤，近墨者黑」，歷史上也有「孟母三遷」的典故，由此可見，人們自古就看重朋友的影響力。那麼在現代生活中，這一點依舊重要嗎？我們可以從「股神」巴菲特和微軟前總裁比爾．蓋茲的結交過程得知一二。

在一九九一年之前，巴菲特與蓋茲從未見過，彼此只有聽過對方的名氣，沒留下深刻的印象。兩人對彼此都沒興趣，巴菲特認為蓋茲只是抓住了好機會，蓋茲覺得巴菲特是個固執的人。在一次偶然的聚會中，兩人的關係大大轉變。一九九一年的某天，蓋茲獲邀在華爾街參加聚會，而主講人正是巴菲特。蓋茲原本並無興趣，但在母親的勸說下，還是決定參加。這是兩個人第一次碰面，在短暫的交流後，他們相談甚歡，對彼此都有了新的看法，並且很快就找到了共同話題。這次交流打開兩人友誼的大門，也為日後蓋茲的轉變打下基礎。

某天，蓋茲在無意中看到一篇文章，正是巴菲特寫的，內容講述到自己對於財富的看法。巴菲特堅信，財富不應該留給子女。蓋茲深受感動，專程前往巴菲特的辦公大樓和他交談，此後兩人關係越加親密，最終成為至交好友。如今蓋茲已是全球知名的慈善家，並且公開宣布，旗下數百億美元的鉅額財富將捐給社會各界。

蓋茲和巴菲特的友情與日俱進，他們了解彼此，也在幫助彼此成長。因此，我們可以說，和懶惰的人在一起，你很容易就變得不愛運動；和積極向上的人在一起，你也會跟著自我要求。擁有良好的社交圈、和優秀的人在一起，你不自覺地會被他們所影響，過去不敢或不願意嘗試和挑戰的難題，都不再令人恐懼。你因此獲得勇氣，並開始學習他人的長處，努力提升自己的能力，慢慢地轉變為不一樣的人。比方說，你以前不知道如何跟別人打招呼，若你有朋友善於處理人際關係，那麼你就可以跟他學習。你可以近距離觀察他的做法，也會在對方的帶領下，結交更多的朋友。所以，如果想要邁向成功，讓自己的生活和未來更好，就一定要建立可靠的社交圈，它決定了我們前進的距離。

要記住，每個人的人際網路對其事業發展都有深遠的影響，你下一個晉升的機會，或許就隱藏在其中。

小測試 **誰能幫你成長？**

每個人都有朋友，他們多少決定了我們未來能夠達到的成就，那麼，你是否有想過，誰能夠幫助你往上提升？他們在哪方面能協助你成長呢？仔細思考，接著填寫下列表格：

人選	有助於你成長的面向
業務小王	他的銷售能力非常強，我可以跟他學習許多銷售技巧，以實現升職的目標。

第二章
恐懼人際交往的五大成因

你有過類似的感覺嗎？

感覺每個人都在盯著我，彷彿自己沒穿衣服。

感覺喉嚨卡卡、嘴唇乾澀，好像快要窒息了。

腦海一片空白，不知道自己在說什麼……

害怕尷尬氣氛的人，其實是不懂得社交技巧

你是否曾在陌生場合做自我介紹？有位工作超過十年的人力資源總監偷偷地告訴我，他最害怕在公開場合跟大眾介紹自己的經歷。他提到：

輪到我了，我不得不起身，努力控制自己僵硬的身體和緊繃的嘴角，露出一個勉強的微笑。我的身體開始發冷，彷彿一下子置身於冰窖之中。我做過準備，那段文字我背過許多遍了，默寫出來都沒問題，可是，現在我的大腦一片空白。我吞吞吐吐地開始講話，也不知道到底在講什麼，一個字都沒記住。反正，我準備好的台詞都講了。坐下來之後，覺得自己剛剛失憶了，像是經歷了一場夢遊。

在人際交往中，很多人最害怕就是當眾發言。四周一安靜下來，當事人

就彷彿陷入恐怖的泥沼之中，感覺手腳不聽使喚，幾乎要窒息了，而這種情況確實多少起源於內心的不安全感。有些人經常覺得不自在，他們對世界與環境的看法，跟熟悉社交的外向者截然不同。

舉例來說，有人在室內空間舉辦了活動，參與的人非常多。這時有兩個人走進會場，一人是有社交障礙的內向者，另一人是外向者。後者一派輕鬆地觀察室內的擺設以及與會者的模樣，對到他人的目光時，也會簡單致意。但內向者的感官彷彿關閉了起來，他拒絕和他人的視線有交流，只敢迅速地瞄一下會場，不會留意任何細節，並把自己的焦點放在一個地方，也絕不會做出引人注意的行為。他無法像另一位參加者一樣，試圖融入現場的環境和氣氛，反而會不知所措，如同擺錯位置的裝飾品一樣。內向者非常敏感，所以會抗拒參加這種場合。

外向者，或者說善於社交的人，對於社交場合非常敏銳，並具有超人一等的感知力。他們很容易就能看出對方的意圖，並根據不同場合做出判斷，給予適當的回應。但對內向者而言，社交場合像是一團迷霧，他們總是讀不出對方說話的含意，也弄不清楚對方的意圖。在這樣的情況下，他們只能嘗試做出各種回應，好像在射飛鏢一樣，看看是否能射中對方的心思。

史蒂夫是一位黃金單身漢，在一家網路公司擔任工程師。他收入相當可觀，物質條件很好，但感情方面非常不順利。在經歷了又一次相親失敗之後，他來找我諮商。一見面，我的感覺就是，這個人有些靦腆。經過幾次溝通，我大致明白了他的問題所在。他特別提到一個朋友，對方原本非常熱心，希望幫助他脫離單身狀態，於是發動自己身邊的各種人脈。然而，史蒂夫經歷了一次又一次的失敗之後，對方再也不提這件事了，哪怕史蒂夫主動拜託，對方也不肯幫忙。下面是我和他的部分對話：

我：女方是上班族，對吧？你們第一次在哪裡見面的？

史：就在公司附近的餐廳，一個大型商場裡面，吃的是中式餐館。餐廳人真的很多，我本來就不善言談，所以希望對方活潑一點。確實如此，她性格挺開朗的。我很害怕尷尬的場面，所以去之前做了很多心理建設。我好緊張，覺得身邊每個人都知道我是來相親的，每句話都會被他們聽到，因此說得不多。但整體上，我蠻開心的，覺得還算聊得來，但對方似乎不太滿意，回去後沒再和我連絡了。

我：你知道對方不滿意的原因嗎？

史：大概知道。介紹我們認識的那個好友說，她覺得我答非所問，很難溝通。但我當天總是有問必答，有什麼就說什麼，蠻坦誠的，不知道為什麼對方覺得不好聊。

我：那你還記得你們都聊了什麼嗎？

史：記得不多了。她好像有問我，為什麼我自認不擅長交朋友，於是我反問她，就像她不擅長做家事，每個人都有弱項，對吧？我們應該還聊了電影，她喜歡愛情電影，我看得不多，就沒發表意見了。

我：你那時聊天的狀態，就像現在你和我說話的樣子嗎？

史：完全不一樣。我又沒找她做諮商。

話題到這裡徹底冷掉了。其實我想知道，他約會那天跟人說話的樣子是不是跟前來諮商時一樣，總是不看對方眼神，身體和對方保持疏遠的距離。不過，他卻以為我指的是談話內容。他的想法其實沒有問題，但說出來的話卻變成另一種意思。女孩喜歡聊電影，他也喜歡，但他表現的樣子卻十分不耐煩。他現在願意回答我的問題，也是經過很多次的溝通。我們第一次見面的時候，看得出來他很不自在。他後來告訴我，在前來找我諮商之前，他已經考慮了整整一年，因為他害怕和我單獨相處，更不想處於這種尷尬氣氛中。對他而言，每一次與陌生人的見面，都彷彿是一次小考，讓他手足無措又尷尬。

很多人不喜歡出席公開場合，也害怕與人面對面交談，又很在意尷尬的氣氛，於是人際關係陷入惡性循環。他們討厭與人交往，還沒有開始認識對方之前，就先自我否定了。

小測試 **下面是社交障礙者的特徵清單，看看你中了幾條。**

你總是在陌生的場合感到不自在，不知道要做什麼？	是	否
你總是誤解或搞不懂別人的問題？	是	否
你覺得自己的社交技巧很差？	是	否
你寧願自己在家待著，也不想參加有益的社交宴會？	是	否
你覺得自己一出現，現場氛氛就會變得尷尬？	是	否
你覺得總是有人關注著你？	是	否
說話時，對方表現出開心或難過的樣子，你不知道如何回應？	是	否
你渴望和別人交流，但害怕尷尬的氣氛？	是	否

上面的問題，如果回答「是」超過三項，就證明你社交能力有問題；如果達到五項，不用懷疑了，你的確是社交障礙者。

其實你不是恐懼社交，而是找不到方法

對於十分想要結識的對象與目標，若想用自然的方式接近對方，難度超乎我們的想像。有人和我分享過他初入行時的經歷，或許你能從中看到自己的問題。

我入行半年後，終於得到了一次機會，可以接近某大公司採購部門的主管。在那次的業界高峰會中，他是公司最想爭取的合作夥伴，要是能和他簽

一張大單，我下半年的業績基本上就達標了，甚至超越一整年的業績目標！在此之前，我發了好幾次電郵，但對方一直沒有回應。同事嘗試過的方法比我多，包括找認識的人幫忙介紹，或是直接打電話給對方，還是沒有取得進展。直到這一次，不只是我，所有同事都覺得機會來了。在大學同學的幫忙下，我好不容易獲得了晚宴的入場資格，當時我覺得，自己很快就會成為同事們豔羨的對象，根本無暇思考該如何交談。

在晚宴上看到對方的那一刻，我整個人興奮無比。不時有人上前和那位主管說話，我暗暗著急，不知道怎樣才能自然地接近對方。按照我打聽到的情報來看，刻意又魯莽地上前自我介紹，對方應該不會理睬我，甚至會把我放入黑名單。我苦苦尋找著契機，想要上前結識，但那位主管頻繁地和旁人交談，我甚至在想，是不是應該無禮地上前打斷他們，或者等著貴人從天而降，此人既認識我又認識他，願意為我們牽線……這種坐立不安的感覺糟透了，彷彿距你兩公尺高的地方有一個紅豔豔的蘋果，但你踮起了腳怎麼也搆不到，只差那麼一步，就喪失了大好良機。

這次失敗是他永生難忘的經歷，成功觸手可及，卻只差一毫米，但他人際交往的能力不足，於是阻礙了前進的腳步，他不知道如何接近目標，所以連正式登場的機會都沒有，便黯然下場了。對很多人來說，接近想認識的人是個世紀難題，還沒走到對方身邊，就已經驚慌失措；看著對方和別人說話，自己就緊張不已。想要從容地加入談話，或是淡定地站到對方的身邊，是他們夢寐以求的能力。

有些人擅長拉近距離，但也有很多人不知道如何接近他人，認為自己有社交恐懼症。事實上，真正有這種症狀的人，對一般客觀的事物或情境，會有過分又不合理的恐懼感。只要恐懼一發作，患者會出現明顯的焦慮和自律神經症狀，進而影響個人的正常生活。很多人並不是真的有社交恐懼症，只是容易緊張和焦慮，不知該如何應付將要發生的事情，無法在公眾場合進行有目的的活動，就如同上面故事中提到的那個人。

他起初也覺得自己可能有「社交恐懼症」，在經歷過這次失敗後，他有段日子一直懊悔，覺得自己就是不敢和人說話，真心討厭社交場合。然而，隨著他更了解人際交往的原則與觀念，掌握了更多的技巧之後，他發現自己原來不怕人與搭訕，也知道該如何在類似場合找到契機，自然地和對方搭話，逐漸建立聯繫。由此可知，他其實是討厭社交失敗，所以不願面對現實和自己的無力感。因此，請不要立刻認定自己患有社交恐懼症，先想一想，你不敢接近對方，到底是厭惡、懼怕與人來往，還是不知道該如何進行？

人們經常會混淆自己的感覺，也會不自覺地誇大內心的恐懼。就如同我們上面提到的例子一樣，在面對不熟悉、無法輕易解決的難題時，會希望自己能夠馬上逃避。最簡單的例子就是，每個人念書時都討厭課堂提問時間。老師會隨機抽點，請同學回答問題，有些人有自信可以正確回答題目，但其他人都會不自覺地迴避老師的目光，還有一些人，明明知道答案，卻害怕可能會答錯。由此可見，很多人並不是真的有社交恐懼症，而是不知道要如何做，又遇到太多困難，因而相信自己不懂社交。所以，對於很多人來說，真正困擾的是找不到要領，而非恐懼社交。

除了問候之外，接話也是重要的社交技巧

你有沒有遇過這種情況，在一個社交場合，你渴望結交已久的某個人物恰好出現，而且對方看來沒有很忙，只是禮貌地接受旁人的問候。你希望和對方搭上話，也終於找到了時機，準備過去好好拉關係，但中途你卻停下腳步，因為除了「你好」之外，你想不起來要接什麼了……

有位資深的客戶經理跟我說過：「這個世界上最難的任務，就是想出『你好』後面的那句話。」對他來說，「你好」也不算打招呼，只是告訴對方「我過來了」，對方回一句「你好」或者點頭致意之後，表面功夫已經結束。如何從容地繼續談話，引出你想要的話題，才是社交真正的困難之處。

小薇是一家公司的職員，性格開朗，但工作上不太順利，進度一直落後於同事。她很著急，最後在朋友的推薦下，來找我尋求幫助。第一次見面，我驚訝地發現，小薇和她朋友口中描述的那個人完全不同。她有些拘謹，雖然沒有社交恐懼症，但不喜歡講話，接話也很慢，並且不願意主動找話題。但在她朋友的口中，她活潑熱情，喜歡和朋友聊聊日常的工作和生活，還會開些小玩笑。

認識了一個月之後，小薇漸漸表現出朋友們說的那一面，她會主動和我說她昨天做了些什麼、準備去看什麼電影以及對某些社會新聞的看法。甚至，她和櫃台的小姐也能說上幾句話，她會主動打招呼、聊聊天氣。對於這麼大的差別，小薇也有清楚的解釋：「我就是慢熱。和熟的人相處很容易，想說什麼就說，想幹什麼就去做，開玩笑也可以，有點人來瘋。但是面對不熟的人，我就變成另一個人，我也不知道原因出在哪，可能是因為怕生。見到他們，我就不想說話，也不完全是不想理人，說到底，其實是不知道要說什麼。所以，很多朋友都是用很長時間才跟我混熟。他們對我的第一印象就是高冷，有點難聊。但我真的不是那樣！和我熟了就知道了，我有點嘮叨的，不是他們想的那個樣子。」

小薇的情況不是特例，很多人都跟我傾訴，自己有類似的問題。他們不懂得和不熟的人相處，彷彿自帶「防護罩」，把自己和別人隔離開來。這種距離感會給別人留下印象，以為他們性格孤僻。一些朋友對小薇的最初印象就是「高冷」、「不好聊」，但她本人其實很好相處，只是在初次見面時不知要說什麼，因此才不自覺地避開他人，也不管對方所提出的話題。

不知道要和他人談論什麼，就是人們恐懼社交的主要原因。無話可說的冷場帶來許多影響，不但造成氣氛尷尬，還讓人們失去初步了解彼此的機會。我們因此給人不善交際、冷淡倨傲的印象，而且日後得花更多的時間和力氣去彌補和修正。更糟糕的情況是，第一印象太差，對方就沒有興趣去了解真實的你。初次見面不順利，有些人就會打消繼續來往的念頭。所以，很多人覺得自己不擅長社交，多少就是因為搞砸了初次見面的氣氛。有些人想要建立合作關係，卻給對方留下了不好的印象，導致對方對他們的能力產生懷疑：光是簡單的溝通都做不好，又怎麼會相信你的個人能力和辦事效率呢？換作是你自己，也應該不會選擇一個看起來就不好相處的合作夥伴吧！

因此，如果你有類似小薇的情況，在人際交往中也遇到瓶頸，不知道要說什麼，那麼不用擔心，後續我們會教你如何解決這個問題。

害怕被拒絕

前面我們討論到，有些人討厭尷尬的氣氛、不懂得如何接近他人，也不知道要說什麼。了解這三個問題的成因之後，我們來談一談擔心被拒絕的恐懼感。

我很小的時候就有過類似的經歷。念國中時，我非常喜歡閱讀課外讀物，比如《未來少年》、《小牛頓》一類的雜誌，但我的零用錢有限，每月只能購買一到二本。當時有好多同學也都喜歡看，每次有人買了新雜誌，大家都會爭相借閱。有次，某同學買到了一本雜誌，那本我找了好幾個月，於是非常想要借來看，但完全不敢開口。那期雜誌非常寶貴，幾乎絕版，我生怕同學對我說：「這本我要自己收藏，不外借。」或者說：「這本雜誌還有好幾個人要看，你等他們看完再說。」對小孩子來說，這樣的拒絕稱得上是「天大的打擊」。我還往壞的方面想，這次沒借到，等幾天後去找對方，會不會又說借給了別人，於是我再次被拒絕。我心裡害怕被人找藉口搪塞，擔心同學會暗地裡覺得我很煩，非要追著一本雜誌跑……在這樣的胡思亂想中，我度過了兩節自習課。直到最後，我也沒敢嘗試去借那本雜誌。

現在想想，這種害怕被拒絕的感受，和我們的自尊心、恐懼等心理狀態有關係。小時候的我總是惶恐不已，深怕同學在背後議論我，或擔心有人藉故拖延我的請求，令我難堪。直到長大後，在多方面的學習和訓練中，我才改變這種擔憂的習慣。我發現，身邊還有很多人，直到現在都還是會這樣想太多，怕被人拒絕而裹足不前，哪怕是生活中的小事都不敢付諸行動，如借一支筆、要一份文件。不敢嘗試，也就放棄了成功的機會，以至於在感情和事業上毫無進展。究其原因，除了內心的膽怯，還有我們對於他人的不信任。世界是美好的，不相信他人的友善，害怕的感覺就會不斷累積，讓人越來越畏縮。

小森是個開朗又直爽的年輕人，每個人都很喜歡他。他和我們分享過一段故事，那直接改變了他原本的性格。七年前，他剛上大學時，對一切都感到很新鮮。以前他總是被老師誇讚做人老實，性格靦腆。開學沒多久，他便喜歡班上一位女同學。寢室的同學知道他的心事後，經常幫他創造機會，讓他能和那個女孩親近一些。半個學期下來，兩人確實變得比較熟，關係親近了許多。小森想了很久，卻遲遲沒有進一步的行動，有同學鼓勵他告白，但小森一直不敢。外系有位男同學也在追那個女孩，他不知道自己能不能告白成功，更重要的是，他害怕自己承受不了被拒絕的痛苦。

他猶豫了很久，女孩果然跟別人交往了。大學畢業後，同學們彼此慢慢減少連絡。在一次同學會上，他們終於再次見面，女孩那時已經結婚。大家開玩笑說起了這件往事，小森這才知道，女孩當年一直在等他告白，但始終沒消息，便以為小森可能不喜歡自己。小森這才知道自己錯過了什麼，因此決心改變自己。現在的他願意嘗試，也懂得把握每一個機會，積極參加各類活動。不論結果如何，他享受每一次努力的過程，對未知的結局，也總是充滿期待。現在所做的一切，都是為了讓自己的未來沒有遺憾。

害怕被拒絕的人可以想想這個案例。當然，沒有人想要看到失敗的結果，但這只是無數個可能的結局之一。沒有嘗試過、沒有提出請求也沒有努力爭取，永遠都不會到達終點，甚至連失敗的機會都沒有。正如小森一樣，他只能在心中默默地緬懷青春時最初的悸動，去幻想自己可能得到的結局，然而現實留給他的，只剩一聲嘆息。

很多人和小森一樣，總是怕被拒絕，而放棄了各種機會，但往後又一遍一遍地回想不同的結局：如果當時勇敢一些，現在的日子會好過得多。但是他只能遺憾終身，畢竟錯過沒辦法挽回，時光無法倒流。所以，再怎麼害怕被拒絕，請好好想一想，人生無法重來，不要讓到手的機會悄然流逝。

以為單打獨鬥就可以把工作做好

很多人在小的時候都聽過這些話，「老是出去玩有什麼用」、「成績不好，就不會有人和你玩，朋友再多也沒用」。在這樣的教育觀念下，我們從小就深信「人際交往沒用處」。被灌輸這樣的思想後，我們就會覺得和朋友出去玩是浪費時間，與人交流對生活一點也不重要。因此，許多人長大成人後，雖然不再以考試成績為一切事物的衡量標準，但依舊保留著過去的觀念，對人際交往始終有偏見。

輝明在出版社擔任編輯，從小到大，他一直都不喜歡交朋友。在學生時期，他的好友總是不會超過兩人。他認為，朋友貴精不貴多，多了就麻煩了，只要有幾個知心就夠了，甚至也不用常聯繫，偶爾發個訊息，證明彼此都還平安就好。他認為，與人溝通或交朋友很麻煩，所以大學畢業之後決心去當編輯，他相信，這個工作不大需要對外聯繫，所以一定能適應。在工作初期，輝明對工作確實十分滿意，只要認真完成好自己的任務，做好基本的文字校對修訂，不大需要和他人溝通，頂多和同事談談稿件的品質。

然而，時間久了，他身邊越來越多編輯開始接觸更複雜的業務，比方獨立策劃書系。眼見著別人的新書一本接一本出版，輝明不由得心生羨慕。他試著去策劃一本書，卻發現這得不斷與許多人進行溝通，特別是要和作者有密切往來。他看到某同事和某大暢銷作家成了朋友，還簽下了對方的新書。他也看到自己欽佩的作家，在某同事的努力下願意和他們公司合作。他開始對自己之前的想法產生質疑：人際交往真的毫無用處嗎？輝明決定主動出擊，設法聯繫一位他非常欣賞的作家。他在網上搜索許久，做了很多嘗試，但連絡不到對方。他想請朋友幫忙，但他僅有的幾位朋友也沒辦法幫他找到這位作家。走投無路下，他只好去向主管求助，最後透過主管的人脈，幫助他聯繫到心儀的作家。

「人際交往毫無用處」，對很多有這樣想法的人來說，輝明的經歷是一個教訓。我們清楚地看到，輝明在生活中，總是不斷在閃躲，於是選擇了似乎不需要與人來往的職業，最後卻發現，想在工作上有所成長，還是需要與人交往和互動。可以說，不管從事哪種職業，都需要與人有一般的互動。大家都知道，有些工作一定得與人打交道，如行銷、零售、發行，但其他職業也需要有一般的溝通和交際能力，比如前面提到的編輯，同樣需要和同事或合作夥伴來往。哪怕不用上班，在一般生活中還是要與人交流，無法脫離開人際關係這張大網。

現代社會科技迅速發展，最主要的工作方式是團隊合作，而不是單打獨鬥。我們很難靠自己就完成生活和工作的基本要求。

有家出版社的總編分享了他的經歷。在創業初期，他到處聯繫作者，希望多準備一些出版計畫。當時，他聽說一位成名不久的作家陷入官司，於是抱著姑且一試的心態，打電話給對方。意外的是，對方立刻就接受了他的提案，於是他很順利地跟這位作家簽約，而且價碼現在看來十分划算。幾年來，這位作家不僅為出版社帶來巨大的收益，還幫公司打響知名度。雖然一直有人提出很高的價碼，想要挖角這位作家，但未能成功。

可以說，這位總編的眼光獨到，選擇了有潛力的合作夥伴。他用心地和作家維繫良好的合作關係，透過精準的社交技巧，讓合作夥伴願意一起攜手前進，共同走向成功之路。

因此，請大家更新自己的觀念，人際交往有用且影響深遠。事業成功與否，與你交往的每一個人都有關係。所以，建立可靠的人際網路，是走向美滿人生的的第一步。

第三章
你的人際關係能打多少分

我們每天都收到各類心理測驗，

從星座到血型，

那你有沒有為自己的人際關係做個測試呢？

猜猜你能得幾分。

你和自己設想得一樣討人喜歡嗎？

你有沒有遇到過下列情況？

一、你的同學或朋友有一份資料，願意借給別人卻不願意借給你。

二、你在出國的時候會熱心幫朋友或同事代購商品，他們出國卻不願意幫同樣的忙。

三、你有事情找人幫忙，對方沒有及時回覆，你知道對方是故意視而不見。

四、你想要知道某件事情的進展或者詳細消息，對方卻不願意解答。

很多人都遇過上述狀況，我也在社群網站上見過，人們不止一次為了類似的事情發牢騷：要麼和朋友吵架，或是心裡偷偷地難過，甚至有些人乾脆和朋友絕交。很多人都自認為：「我做人很好，對朋友也不錯，為什麼他們都不幫我呢？」

答案很簡單，你也許沒有自己想得那樣討人喜歡。

人與人有來有往，總是要互惠。以慧喬為例，她是一家公司的室內設計師，在累積了多年的工作經驗之後，決定創業。她相信，以自己的能力和累積的好評，她的事業一定會成功。在創業初期，事業有穩定的增長，她看好這個領域的前景，所以決定擴大規模，讓公司走向大眾。就在她進行改革的時候，裝潢業的寒冬悄悄來臨。公司規模才剛剛擴大，卻遇上不景氣，每個月的支出不斷增加，收入卻越來越少。她苦不堪言，不得不進行內部調整，還用之前賺到的錢來應急。

然而，這並不是長久之計，她決定找人來投資。她相信，寒冬只是暫時的，只要撐過這幾個月，經營狀況會立刻好轉。她詢問了所有的朋友和親戚，竟然沒有人願意前來投資，她十分挫敗，甚至懷疑自己對景氣的預期是錯的。公司最終沒能熬過那段時間，但她評估得沒錯，景氣沒多久就復甦了。

慧喬在需要資金的關鍵時刻，竟然找不到人來投資，這不僅讓她受到很大的打擊，也直接毀掉了她的事業和未來。事實上，在日常與人來往時，慧喬沒有特別經營人際關係，也不確定誰會投資她的公司，所以就算問遍了所有認識的人，也只是像大海撈針一樣，不僅浪費了時間，還讓大家都知道，原來她公司經營不善，有意願的人反而望之卻步。在慧喬的人際網路中，因為個性相投而結交的朋友佔了大多數，他們大多對藝術、設計有研究，也有獨特看法。很多人還是其他公司的設計師，所以沒有強烈的投資願望。

除此之外，慧喬的人際網路就只剩下了親屬和客戶。她的親戚都不是富翁，也不想一口氣拿出那麼多錢去投資公司，他們更相信買房地產這種穩當的投資方式。雖然慧喬的客戶中有一半是長期的合作夥伴，但他們所處的產業也不景氣，慧喬公司的生意才連帶受到影響。這些客戶手中的資金並不多，慧喬主要接觸的窗口也不是老闆，大多都是行政主管，不能決定公司投資的方向。整體來說，在慧喬的人際網路中，沒有人適合當她的投資人，所以在關鍵階段她才會功虧一簣。她背後可說是完全沒有援軍。

由此可見，很多人在遇到困難時，總心生疑惑：「為什麼沒人幫我？」其實根源是因為你沒有找對人，沒能培養相關的人際關係。朋友不一定會幫助你，也不一定能幫上忙；認清這個事實非常重要。能幫助你的人都不確定，又如何能提出解決的辦法呢？

為自己的生活和事業建立可靠的人際網路，遇到危機時，才能得到有效的幫助，為將來的生活增添一份保障。但大家也要注意，在別人伸出援手時，你也要相對地付出回報，這不只是為了一報還一報，而是為了保持互動、以維繫長久的友誼。互相溝通、幫助和體諒，彼此才能真正加入對方的人際網路。

小測試 **看看你的人際關係到底能打幾分？**

請仔細閱讀每句話，評估自己的程度，並計算最終得分。注意，誠實地根據你現在真實的樣子作答，而不是你希望的樣子。不要擔心，沒有百分之百正確或錯誤的答案。我們會在後面解析此測驗的意義。

自我評估	1分	2分	3分	4分
當前的工作中，能幫助你的人：	0個	1至2個	3至5個	5個以上
在業界，和你建立良好關係的朋友：	0個	1至2個	3至5個	5個以上
在業界，未來發展比較有前景的朋友：	0個	1至2個	3至5個	5個以上

在業界，你認識的頂尖人物：	0個	1至2個	3至5個	5個以上
在生活中比較親近的朋友：	0個	1至2個	3至5個	5個以上
在第一時間能幫助你的人：	0個	1至2個	3至5個	5個以上
當前的工作中，你理想中的職位：	幾乎沒有	較少	較多	很多
在工作或生活中你幫助過的人：	幾乎沒有	較少	較多	很多
在工作或生活上是否得到他人的幫助：	幾乎沒有	較少	較多	很多
你很容易就得到協助：	從沒有	有點	較多	很多

成功的人生建立在圓滿的人際關係上

大家已經算好自己的分數了嗎？下面我們就來分析一下測試結果吧。

首先，總分在十到二十分的人，你應該沒有自己想的那樣討人喜歡。你不重視自己的職涯規劃和人際關係；很少得到別人的幫助，也很少幫助別人。其次，分數在二十一到三十四分的人，你建立了基本的人際網路，對未來有一定的規劃，也得到許多協助，但還有很多進步空間，應該設法深化自己的社交圈。最後，總分在三十五到四十分的人，你的社交圈比較全面。你有意識地擴大了自己的社交圈，你有可靠的朋友，所以不論在事業還是生活上，總是能夠得到很多幫助。

因此，分數在三十五分以下的人就需要注意了，現在的人際關係正阻礙你前進，生活和工作中有很多困難，要耗費大量時間和精力才能解決。這不僅影響你的工作效率，也更容易有挫敗感，降低對成功的渴望。而分數在三十五分以上的人，則需要保持現有的狀態，穩定現有的人脈，並且自我砥礪，繼續拓展自己的交友圈。畢竟，培養人脈並非一朝一夕的事情，可說是一輩子的功課。

有種說法很流行：「找到對的人，讓你少奮鬥十年。」姑且不論十年這個數字是否有根據，但確實，許多人就是碰到貴人，事業才會成功，其影響力可能遠不止十年，甚至會影響了他們一輩子。根據哈佛大學商學院的調查統計，要實現成功的人生，自身因素佔了百分之三十，而人際關係則佔了百分之七十。

美國前總統約翰．甘迺迪就是一個很好的例子。在總統初選期間，幾乎沒人看好這個年輕的議員。父親曾從事銀行業，其後擔任駐英大使，為家族累積雄厚的財富與資源。在走向總統之位的道路上，甘迺迪和其父親強大的人際網路發揮十分關鍵的作用。

首先，甘迺迪就讀哈佛大學，不僅以優異的成績畢業，在校時還頗受歡迎，與許多將來要到各行各業的同學交情都很好。很多人對他的能力很有信心，甚至加入了他的總統競選團隊，成為他的生力軍。其次，甘迺迪參加過第二次世界大戰，在戰場上的英勇表現為他贏得了海軍勳章等多枚獎章，和戰友以及長官的關係都很好。戰友還公開講述過他的傑出表現，幫他爭取到了更多的選票。第三，甘迺迪進入參議院後，和他所屬的民主黨成員關係不錯，並在選舉期間獲得他們的有力支持。第四，甘迺迪的家人也十分支持他的競選活動，他的弟弟羅伯特甚至放棄了自己在參議院的工作，發動他身邊的所有資源幫助哥哥，還親自擔任了競選總召，制定了有效可行的選舉策略。第五，甘迺迪的父親在媒體界影響力很大，他動用重要的業界人士，為兒子進行全面的宣傳，大大提高了他的知名度，進而贏得許多選票。

可以說，甘迺迪能夠成功當選總統，離不開人際網路的奧援。甘迺迪一生的命運就此改變，他僅僅四十三歲就坐上大位，成為美國歷史上第二年輕的總統，同時還是支持率最高的一位。

由此可見，人際網路遠比我們想像得更重要，其影響無比深遠。我們需要正視人脈所帶來的影響，並努力建立良好的人際關係。成功只會青睞有準備的人，不要事到臨頭才想起自己需要他人幫助，也不要在別人需要你伸出援手時漠不關心。建立良好的人際關係，生活和工作才能無往不利，創造更大的價值，實現美好的人生。所以，回想一下我們前面測試中所列的問題，抓緊機會，重新改變對周遭朋友的態度吧！

尋找方向，突破僵局

想要改變人際關係，不妨先理解一個著名的心理學觀念。一九五八年，美國社會心理學家舒茨（William Schutz）提出了著名的「人際關係三維理論」。舒茨認為，每個人都有與人交流的欲望，而且各有各的需求。根據每個人對別人的基本反應，舒茨把人際需求總結為三種：包容、支配和情感。個體在人際交往中所採取的行為，以及如何描述、解釋和預測他人行為，都取決於這三種基本需求。同時，根據個體的表現，舒茨將每種基本需求再劃分為兩種：主動和被動。

透過下面的表格，我們來詳細了解一下這三種需求的具體內容。

人際關係三維理論

項目	含義	主動	被動
包容需求	希望與他人交流，願意建立並維持和諧的關係。	主動與人來往，積極參與社交活動。	退縮、孤立，期待他人的接納。
支配需求	渴望控制他人或者被他人控制。	喜歡運用權力去影響及控制他人。	期待他人的引導和支配，願意追隨對方。
情感需求	想要與他人建立和維持親密關係。	對他人表現出友善、喜愛、同情和親密的態度。	外表冷漠，期待他人接近並善待自己。

根據上述內容，我們於是知道，在日常生活中，每個人都有各自的願望和需要，就像英國詩人鄧恩（John Donne）詩裡寫的那樣：「沒有人是一座孤島，可以自給自足；每個人都是一小塊土地，連接成整個陸地。」按照舒茨的分析，我們便能了解自己對於人際交往的需求，也會明白他人渴求的是什麼。上述三種基本需求缺一不可，每個人在成長過程和生活中都必須得到滿足。如果缺了一種，成年之後多少就會有社交障礙問題。

回顧一下自己之前的經歷，不論是童年時期，還是求學階段，肯定發生過某些事情讓你至今難忘，在它們的影響下，造就了現在的你。

小齊是我的國中同學，剛入學的時候，大家都挺喜歡這個男孩子。他開朗幽默，還喜歡幫助同學。國二那個寒假結束後，同學回到學校後嚇了一跳，小齊變得沉默寡言，還有些憂鬱，沒有人知道他為什麼變成這個樣子。沒多久他就轉了學，杳無音信了。一晃十幾年過去了，在某次同學會上，他竟然出現了，看起來很客氣，和人打招呼也還算得體，但完全看不出當年是個陽光少年。

重新恢復連絡後，這幾年小齊和我的私交越來越好，有次他突然提起了國中的往事以及轉學的原因。那年寒假，小齊和他從小玩到大的好朋友一起去補數學，兩人每天一起上課，過得十分開心。有天下課後，小齊的好朋友去他家玩，看到了小齊私藏很久的變形金剛，那是小齊的阿姨專程從美國帶回來的生日禮物。小齊的好友想拿來看看，沒想到小齊突然生氣了，還把對方趕出了家門。事後小齊也覺得自己反應過度，決定第二天請對方吃個冰棒，當作道歉。然而，第二天一進補習班，他發現自己忽然被排擠，很多同學都對他一臉不屑，好友更是連看都不看他一眼，班上的大塊頭還罵了小齊。整整兩堂課，沒有一個人理會小齊，他突然被孤立了。一下課，小齊的好友就和一幫男生走了，把小齊當成隱形人。

隨後的日子裡，小齊在補習班遭到了同學們的排擠和語言暴力，感到身心疲憊。後來他得知，這些霸凌竟然都是他的好友發動的。好友將他們私底下說過的八卦，添油加醋地公開了，而且都推說是小齊在講大家的壞話。小齊大受打擊，於是再也不敢相信任何人了。補習班的同學也在我們學校讀書，所以小齊不時會懷疑有人在詆毀他，很快便求父母讓他轉學，逃離了熟悉的環境。

對小齊而言，好友的背叛和他人不友善的態度，讓他喪失了對人的信任感，情感需求也從主動轉向被動。成年之後，雖然他已慢慢化解了過去的痛苦，但情感需求還是比較被動。

人生所發生的大小事，成因往往很複雜，但我們可以梳理當中的脈絡，尋找事情發生的軌跡。透過這個過程，我們不僅能重新認識自己，還能讓內心變得強大。更重要的是，你會發現，從梳理過後的回憶和情感，我們能找到問題的根源，去解決人際關係的問題。知道了來龍去脈，了解它們常年來對我們造成的影響，問題才能夠解決，就不再令人苦惱。

因此，我建議每一位讀者都根據上述理論，先判斷一下自己對那三種需求的具體內容；然後，簡單地回顧一下自己的人生，找出困境的源頭；最後，對自己有初步的認識後，接納自己，並由此尋找破口，改變我們的人際交往方式。

第四章
三種人際關係模式

人際關係主要有三種模式，

你培養的社交圈主要是哪一種呢？

傳統模式：親人、親戚和同學

傳統的人際關係，主要建立在私人領域上。包含血緣、親屬和同學。很多人會把血緣和親屬歸納為同一類，但我認為，同學也算私領域的交往，所以三者併在一起談。

首先，血緣和親屬關係最容易理解，它們就是個人生活的一部分。基本上，每個人一出生，這兩種關係便已經確定了。嚴格來說，血緣關係是基於身體帶有多少相同的遺傳基因，比方說直系血親父母、祖父母等。除此之外，也有廣義的血緣關係，我們都聽過《龍的傳人》，隨著民族意識逐漸增強，親人的範圍就會拓展到國民同胞。就像我們在國外生活，都會不自覺地尋求同胞的幫助。而這個身分和直系血親一樣，一出生就已經註定了。民族意識在成長過程中會逐漸形成，成為我們行事和選擇的依據。

親屬關係涵蓋範圍很廣，也不一定以血緣為判斷基準。比方說，舅公的孫子就是你的表兄弟，雖然是遠親，但依舊算是我們的親戚。親屬關係還會隨著時間的推移而變化、往外拓展，舅舅娶妻後，你會有毫無血緣關係的舅媽以及其親屬。由此可見，親屬關係能夠涵蓋的範圍非常大。除去特殊情況，親戚間大多處在同個社會階級，雖然消費水準和家庭收入有差距，在工作單位的層級也不同，但不會有天差地遠的區隔。

維繫親人間的關係是非常重要的個人事務，不論是家庭活動還是外出聚餐，都是以感情為紐帶。與親人培養感情，是我們比較常進行的人際互動。除了互相連絡感情，有些親屬關係還建立在家族的共同利益上。這涉及金錢和利益，要處理這方面的問題，就得格外小心，不要傷到親人間的感情。

每個人念書時都會跟同學來往。和同事相比，跟同學的感情更深。雖然都是團體生活，但在相處過程中，同學間較少牽扯到現實利益，多半都是以感情為基礎。在求學階段，從小學、國中、高中到大學所結交的同學，常常是一輩子的朋友。在不同學習階段，每進入一間新學校時，我們便會認識很多新同學，每一次相遇和分離，都會帶來改變的契機。

幾乎每個人都有同學，所以也算在私人領域的人際關係中，而且在我們步入社會前，會跟這群人有最深的情誼。同學相處時，很少涉及巨大的現實利益，也不著重在功利的考量。所以，求學時期的友誼，往往更加真摯，彼此有共同的經歷，陪伴對方的成長，也見證對方的青春。大多數人都習慣將同學劃分到私交的範疇。所以它也是最基本的人際關係。

想想，如今很多同學都散落在世界各地，大家從事著不同的行業，也掌握不同的資源。跟他們來往，讓你得以跨越空間的限制，人際關係拓展到更新的境界。當中每個人都牽連到你的回憶和少年時光，你們十分了解彼此，所以更容易找到感興趣的話題，激發深厚的感情。請記住，每一位同學都是我們重要的資源。

綜上所述，傳統模式是最穩定的人際關係，也比較容易維繫。個人身分就是接近他人、維繫關係的通行證，親人和同學和跟我們的牽絆最深。所以，維繫這些人際關係，就是照顧我們自己的感情，以滿足我們的歸屬感。

戰略性模式

建立在共同目標的人際關係，我們稱為戰略性模式。你和對方有共同目標，或者有共同利益。和傳統模式不同，這種人際關係有明確的目標，而且會透過理性的方式去培養。具體來說，戰略性模式包括同事、商業夥伴以及短暫的交流關係。

首先分析一下同事關係，也就是和你一起工作的夥伴，包括上下所有同事，以及沒有直接往來的其他部門同仁。把同事放在這個範疇，是因為與我們共事的人，不論長期還是短期，接觸或多或少，都有共同的目標和利益。你的直屬上下級更是如此，一方委派任務，而你再往下傳達，從屬關係非常明確。你跟同事有時是競爭對手，有時也是合作夥伴，會有共同的目標和利益，也需要資源交換。

此外，不同部門的同事也是重要的資源，你們都是為了公司而打拼。因此，短期的跨部門合作以及臨時組成的小團隊，是跟同事交流的好機會，你的缺點和優點，會透過他們的評價傳到公司上下，甚至是傳到主管的耳朵裡。

而且，現代企業的人員流動性高，很多同事來來往往，沒幾天你身邊的人可能就已經換了一輪。他們有的還在業界，或者轉行嘗試新的職業。以前的同事會把對你的看法帶到新公司，直接影響到你未來換工作的契機。如果你去他的公司應徵，那麼人事部門的職員必然會詢問他對你的評價。而跨到不同行業的前同事，則可能帶來新的合作機會。

除了戰略目標，我們和公司外的夥伴也會產生交集。在這個過程中，我們既可能是甲方，也可能是乙方。合作對象包括個人和公司，如供應商、批發商、零售商等。我們既是對方的客戶，也是對方的資源。而合作關係涉及的範圍比較廣，除了你所屬的產業，也包含其他的行業，所以範圍很廣。你和對方的工作成果，不僅會直接影響你們往後的合作關係，還會影響你和其他夥伴的發展。

很多人都不相信這一點，社群網站上的某個事件或許足以為證。幾年前，有家出名的平面設計公司在網路上公開點名、批評某知名出版社的編輯，還公開和對方的聊天截圖。原來是該編輯言而無信，稿件一再修改，又拖延付款時間，設計公司只好公開表示，未來不再與該出版社合作。雖然這則貼文的分享次數不多，但後續的影響卻很明顯。我認識的幾個設計師，都默默地推掉這家出版社的合作提案，藉口是自己最近工作已滿，沒有時間。他們認為，這家出版社不遵守合約精神，不尊重設計師以及其作品，完全不值得浪費時間去合作。他們寧願去找之前合作順利的單位，或者圈內認可的高評價好業主。可以說，一次失敗就導致那位編輯和出版社的名聲敗壞，也降低了其他優秀夥伴的合作意願。

最後我們再談到短暫的交流關係，它隨機又不可預測。正如你和某人有共同的目標，不論是感情還是其他利益。它不屬於日常工作和生活中的固定關係，甚至是可遇不可求的。打個比方，你在商場買東西，剛好跟某個陌生人攀談起來，聊得很起勁，甚至還交換連絡方式。

這時，他便成了你人際網路的一員，為你打開了更多的視野。既然這種關係隨機又偶然，所以我們很難刻意去培養、操控它，你遇見的每一個陌生人都有可能跟你迸出火花。因此，把握好每一次機會，友善地對待他人，人生說不定有不同的際遇，對方也可能變成你生命中的貴人。

綜上所述，戰略性模式就是基於共同目標而建立的關係。透過明確的目的，我們可以快速地做出分類，也更清楚對方的期待，以及如何回應對方的需求。這些人對我們的工作有很大影響，尤其直接牽涉到許多現實利益。因此，跟同事與合作夥伴的關係要妥善經營，事業才有機會成功。

交集點模式

交集點模式，是指因共同的興趣與喜好而相識相遇。在現代社會中，社群網站普及，大眾也勇於表達自己的想法與熱情，也因此有機會相互交流、培養感情。不分地域、時間和行業，只要有共同的興趣，哪怕是陌生人，還是有機會交流、熟識。興趣涵蓋範圍很廣，除了藝術、運動，還有更加細緻的心理因素。

在人類本能的驅使下，我們在情感上想尋求認同，與他人或群體有連結感，這在心理學上稱為歸屬感或隸屬感。也就是說，每個人都會和特定的群體有從屬關係，在當中對他人產生認同和互動，就是在具體展現出歸屬感。出於喜好和判斷，我們會去尋找有類似興趣和看法的同好，並在相處過程中得到認同感。藉此，我們能減輕內心的孤獨感，增強安全感。

在現代生活中，越來越多人喜歡尋找同好，渴望建立有交集的人際關係，而且還能維持很久。有些人參加讀書會而認識了一輩子的好友；有些人跟創業的夥伴有革命情感；有些人因為共同的偶像而結成好友，還結伴去旅遊、探索世界。可以說，交集點模式的人際關係滿足了個人的心理需求。找到志同道合的朋友，生活變得有樂趣，還能拓展自己的生活圈。同時，這種關係目的性不強，不用刻意追求，對方就不會設下太高的心理防線，交往時就更加自然。

我的同事小優是某明星的粉絲，也加入了粉絲同好會，慢慢結交了幾個志同道合的朋友。她們幾個人另外組成了一個小社團，定期聚會，還相約去國外旅遊。有次，主管指示小優去完成一份宣傳企劃案，但性質和她之前做過的截然不同，完全是另一個領域的產品。小優手中沒有相關的詳細資料，也沒有認識那個領域的專業人士。為了完成工作，小優搜集了大量資料，但在計算成本時，因為收集的數據不夠翔實，所以預算一直居高不下，不符合主管給出的標準。小優想起在她的粉絲小社團裡，有一位朋友正是那方面的專家。小優便向那位朋友尋求幫助，很快就找到業界最新、最翔實的參考資料。小優藉此剔除掉某些虛浮的報價項目，擬訂了更合理的預算表，才通過了主管的要求。

小優以前從未把這位朋友納入她的人際網路，她們僅因為有共同興趣而結交，兩人的行業也毫無交集，話題總是圍繞著工作外的興趣。直到這次，她才意識到自己的人際網路其實早已拓展，只是沒有認真想過。也正因為兩人並無利益瓜葛，所以更願意幫助彼此，不需要顧慮太多，問題一下子就解決了。

在交集點模式中，你和他人的每項興趣和交集，都可以看作一個起點，能夠向外無限擴散。同時，擴散出的人際關係又可能與現有的社交圈重疊。不用擔心，這絕對是好事，這種重疊有助於鞏固原有的關係，也意外增加你與同好的共同點，讓你們的關係更緊密。

根據你自身的喜好、興趣、想法和行為模式，自然就會形成交集點模式的人際關係，而非透過強制手段。我們需要在生活中找機會自我放鬆，讓內心得到快樂和寧靜，才能更堅定地走下去。因此，培養這類人際關係時，不需要有太大的心理壓力，也無須帶有明確的目的，而是要從內心出發，選擇真正喜歡的事物，讓內心獲得滿足。保持良好的心態，才能建立同好關係，讓我們的熱情更持久。保持愉悅的心情，結交不同領域的朋友，能獲得心理上的滿足。

總而言之，在交集點模式下，參與者便能保持輕鬆的心態，給雙方帶來新的視野。在日常生活中，我們應該認真觀察自己的興趣與喜好，找出相關的同好，為可能出現的機會做好準備。也許在這些好友之中，會有人成為你生活中強而有力的支撐。

你適合什麼模式？

介紹三種人際關係模式後，想想看，你適合哪一種？微軟創辦人比爾·蓋茲說過：「成功的兩大關鍵就是：知道自己究竟想做什麼，以及清楚自己究竟能做什麼。」關於人際關係，我們在第一章就講過，行為動機是關鍵，促使我們想改變；是否能夠堅持下去、取得成功，就看動機有多強。

為了確認我們適合哪種人際交往模式，就必須先去理解自己的個性與特點。我們可以用各種具體的問題找出自己的核心特質：你會保持固定的行為模式，數十年如一日，還是會在周遭環境和人事變化中，調整自己的行為呢？

舉個例子，假如你準備去和朋友聚會，而朋友臨時決定，要介紹兩位女性朋友給你認識：小蘭和愛瑪。愛瑪比較爽朗，個性主動，談話時總是掌控話題的走向，還喜歡闡述個人觀點，希望別人參與討論。小蘭則截然相反，她比較溫柔，舉止溫和有禮，願意配合大家的話題，很少主動發表意見。在聚會時，你和兩人對話時，會因為她們個性不同，而改變自己的溝通方式嗎？你和愛瑪說話時，會不自覺地被對方引導嗎？你和小蘭說話時，會主動丟出話題嗎？

先不談你個人如何回應，我們先看看實驗研究的結果。芬蘭赫爾辛基大學的研究人員設計了一項實驗，想知道人們在不同情況下，是否能維持自己的行事風格。他們找來四位演員，分別扮演不同個性的角色：主導、順從、溫和以及能言善道。實驗開始時，演員們分別進入四個裝有攝影機的房間，隨後受試者從一號房間開始，隨性地跟每個演員聊天，互動時間為五分鐘。根據錄影畫面，研究人員觀察受試者在四種情況下的舉止，並給予評分。受試者會因為交談對象不同而變得強勢或順從嗎？他們是否有察覺到自己的變化呢？

結果表明，不管與哪位演員交談，受試者的態度基本上前後一致：百分之四十二的受試者保持穩定，僅有百分之四的人會隨之改變。然而，有百分之五十四的受試者表現比較隨性，會受到無法準確解釋的因素所影響。研究人員發現，在不同的情況下，人們大多能夠保持一致的言行舉止。當然，這不是絕對的。在現實生活中，人們的反應多半很隨性，但穩定不變的性格有助於自我掌控，所以我們在不同情況下，會盡力保持自己言行一致。重要的是，穩定而重複的行為模式，才能讓我們自我感覺良好。

在不同的環境中，和各式各樣的人相處時，我們大多會保持一致的態度。根據其穩定的行為模式，人們可被分為內向型和外向型。在日常中，我們可以直接觀察到，有些人寡言，有些人善辯，這些特點一般稱之為個性。個性大多是由基因所決定的。大部分人一輩子也不會改變個性，但在生活中，我們總是忽略它對自己的影響，因為人們總是會無意識做出某些行為。因此，當人們的行為符合自己個性的時候，會非常自然和放鬆。雖然人們可以刻意做出某些舉止，但內心會明顯感覺到做作與勉強，於是需要耗費更多心力去維持這個樣子。在通常情況下，這些費時費力的行為很難長期堅持下去。

維吉尼亞大學的研究人員進行過類似實驗，他們想知道，行為不符合個性時，人們會有怎樣的表現。實驗開始前，研究人員按照個性來區分受試者，一組為外向組，個性活潑、善於溝通並願意表達想法；另一組為內向組，成員安靜，不擅長表現自我。隨後，這兩組成員得表達看法，去討論一個極具爭議的話題，還要表現出與自己截然相反的個性。也就是說，內向組的人需要假裝自己外向主動；反之亦然。研究人員又隨機請了一組人員觀看實驗的錄影畫面，請他們為每一位受試者的表現評分。研究結果顯示，就算是刻意壓抑自己，外向組的成員還是比較活潑，內向組的成員還是偏向內斂。

觀眾完全沒有被刻意的表現所誤導。由此可知，人很難改變自己天生的行為傾向。即便努力模仿別人的模樣，也很難像對方那樣渾然天成、遊刃有餘。總而言之，人們的個性很難變得天差地遠。

所以，每個人都必須認清自己。上面所描述的人際關係，不論是傳統模式、戰略性模式抑或是交集點模式，都可以根據自己的個性去拓展和建立。但重點在於，要符合自身的內在性格，勉強自己成為另一個人，對人際關係毫無用處。每個和你結交的人，都希望你真誠、可靠，而非像個三流的「演員」。所以，認清你的性格，建立適合自己的人際關係非常重要。

這裡補充說明，上述三種模式在生活中可以隨自己的需求來選擇，而不一定要全面兼顧。希望這樣的分類，有助於讀者認清自己當前的人際關係，了解其特點和需求，進而讓生活更圓滿。若你希望當前的人際關係以傳統模式為主，你非常看重家人，想為親人留出更多的時間和精力，那你就可以深耕傳統模式的人際關係。若你的性格外向，想維護好同學關係，第一步就是試著聯繫他們，或乾脆辦個同學會。

總之，每個人都應該先設法發揮自己的長處，再去拓展不擅長的部分。維護好傳統模式的人際關係後，再往外發展，比方說找尋有交集的朋友，發展自己的興趣，就可以擴大自己的生活圈。這個時候，培養並深耕新的領域後，你的其他能力會跟著提升，外在表現和溝通能力都會有所改變。原因很簡單，不論是建立哪種模式的關係，你都需要運用基本的溝通技巧，透過一次又一次的嘗試和修正，技巧就會提升。接下來，你在經營其他模式的人際關係時，阻礙就會跟著減少。就好比小時候學習不同的科目，國文學好了，就更能理解數學題目的說明；數學好了，國文的邏輯思維能力也會提升。

現在，回想一下人際關係三維理論，並加上主動和被動的因素，那你希望從哪個模式開始嘗試呢？

第五章
建立屬於自己的人際網路

這個世界並不在乎你的自尊，
只在乎你做出來的成績，
之後才會關心你的感受。
——比爾·蓋茲

走出第一步的勇氣

要想成功，必須具備一定的條件。加強你的欲望、提升自己的熱忱，用毅力克服困難，最重要的是，相信自己一定會成功。

——卡內基

在第二章我們提到，恐懼人際交往總共有五大成因，如害怕尷尬的氣氛、不懂得要怎麼搭話……我們在邁出第一步前，總是戰戰兢兢、如臨大敵，甚至恐懼退縮。因此，想要改變，首先要做的就是重拾勇氣與自信。

勇氣和自信並非是天生的。很多人都羨慕別人的勇敢與無懼。但事實上，每個人在面臨重大狀況時，總會感到緊張，哪怕是那些公認的成功人士。戴爾．卡內基的經歷或許可以給我們一點啟示。

卡內基是美國知名的人際關係學大師，還得過青年演說家獎。他一生幫助過很多人，包括州長、國會議員、明星、上班族和學生。這些人都想增進社交能力，卻喪失自信，不知道該如何表達想法、與人溝通。有次，卡內基跟企業家根特共進午餐，他向卡內基坦承，自己總是會避免在公眾場合發言，但他剛剛被推舉為某大學董事會的主席，需要主持會議。他很擔心，自己已年過半百，沒辦法完成這項任務。而卡內基堅定地說，他一定能成功。幾年之後兩人再次見面，卡內基看到了與之前截然不同的根特，他的演講和會議行程滿檔，排到好幾個月之後。現在的他對演講和公開發言駕輕就熟，得到很大的成就感。

上面這個例子就是明證，說明社交能力是可以改善的。遲遲不肯邁出第一步的話，害怕和膽怯會不斷加深，在幻想的加持下，現實會變得令人難以面對。由此可見，人們常因為恐懼而退縮，直至放棄嘗試。

學游泳就是這個道理。下水前的那一刻最令人恐懼，忍不住會想起所有知道的恐怖故事，還有電影《大白鯊》裡的畫面，彷彿自己面對的不是一個小小的游泳池，而是無盡的大海，一下去就會被吃掉。但事實上，下了水開始練習後，才發現根本不難，在水裡面你會逐漸擺脫那些恐懼，慢慢體會到游泳的樂趣。這和考前恐懼症十分類似，內心的壓力轉化成對考試的恐懼，甚至引起了生理上的反應，如冒汗、手發抖、臉色蒼白和呼吸困難等。

因此，放緩腳步吧！先正視自己的需求，才能開始主動做出選擇，不要讓不實際的幻想和恐懼把我們嚇退，不要忘了，你渴望改變。確認自己的內在動力，發現勇氣，是人際交往過程中邁出的第一步。我們可以嘗試以下幾個方法：

一、提前排練，給自己建立提示點

俗話說「熟能生巧」，你不敢邁出第一步的原因，有時是技巧不夠熟練，再加上沒有自信心，所以更加緊張和恐懼。只要反覆練習，就有助於減少緊張感，讓我們更了解可能發生的狀況。

第一步，想要表達、溝通的內容，多看幾次。無論是參加會議，或是與同業交流，你可以事先準備一些資料。跟客戶與合作夥伴交流時，更要熟悉並且了解溝通的內容。害怕自己講話或思路不流暢，可以提前分析資料、劃出重點，並直接背誦下來。

第二步，反覆排演。將準備好的內容、想好的話題，以正常說話的音量，認認真真地講出來。在練習過程中，注意說話的流暢度，選出得體恰當的用字，並根據發言環境來選擇表達方式。在正式的場合，最好用詞嚴謹，說話清晰而準確；在私人聚會中，就可以用輕鬆自然的語調。

第三步，找人陪練。向朋友、家人尋求幫助，讓他們充當你的交流對象或是觀眾。注意，練習時要認真、嚴肅，不要亂開玩笑，以免產生相反的作用。一旦笑場的話，你之後在正式場合中，就會不斷想起那個笑點。認真排練，提前克服緊張的心情，你出場時才能保持冷靜。

很多人說，我原本知道要說什麼，而且記得很牢，但是一緊張就會忘光光，這要怎麼辦呢？面對這種狀況，你可以做好摘要，建立提示點，不斷整理、濃縮成關鍵條目，背誦時再找出需要補充說明的地方。最後在正式排練時，完整表達出想說的內容。舉例來講，看到某個數字，就能說出內容中跟它有關的數據。反覆練習和思考，才能讓背誦的內容活起來，隨情況簡化或擴充。有了重點條目，並且存在隨身的手機、平板電腦或筆記本，不論何時何地，就能很快回憶和複習。

二、自我暗示，讓內心充斥著對成功的渴望

很多人都聽過一句話：「越怕的事情越會發生。」這句話其實是來自於知名的心理學理論「墨菲定律」。美國愛德華空軍基地的上尉工程師愛德華．墨菲（Edward A. Murphy）提出這條定律，並和「帕金森定律」、「彼德原理」並稱為二十世紀西方文化的三大發現。它具體內容主要有四個方面，我們只探討其中一個，那就是「擔心發生某種情況會發生，那麼它就更有可能發

生」。通俗點說，害怕的事情總是會上門。在我們的日常生活中，這個效應隨處可見。無論你做事有多小心，結果往往不會盡如人意。就像你小心端著滿滿一杯牛奶，但實際上一定會灑滿地。

按照這個理論，與人交談時，若你心裡一直想著「不敢和他說話」、「不知道要說什麼」、「我有社交恐懼症，不擅長和人交往」……那麼最終很難會有好結果。你在自己和別人之間築起了一堵牆，想法越來越負面，行為越來越退縮，那道牆也會越來越厚。你的潛意識充滿了恐懼和緊張，又怎麼可能自然而然地主動出擊、完成任務，就連被動接受也收不到訊息。

那麼，反過來想想，如果我們持續地給自己釋放成功、積極的信念，生活會不會朝正向改變呢？答案是肯定的。這就是所謂的心理暗示，是指在日常生活中，人們時常不自覺地受自己或他人的願望、觀念、情緒、判斷所影響。客觀上來講，它是一種基於主觀意願的假設，不一定有根據，但當事人一相信，便會不自覺地跟著它行動。最顯著的例子就是廣告，看到畫面中的飲料，便不自覺地想到涼爽，口渴的時候你就會希望來一瓶，因為你的內心已經收到暗示，覺得它解渴、暢快。

在生活中，你可以試著對自己說「見面不難，就是聊聊天」、「我準備好了，大家好好聆聽」或者「我是個好人，大家會喜歡我」等。或者，你也可以幻想一番，只是這一次不要預想失敗後的場景，而是成功後的自己，比方演講後贏得了眾人的掌聲、結交到一位了不起的人物或者和客戶聊得很開心等。用積極對抗消極，不論是自我鼓勵還是想像成功，要讓自己潛移默化地相信，你能改變自己，也能突破自我構築的堡壘，順利地與他人交流。

三、掌握肢體語言才能發揮說服力

肢體語言是一種交流方式，透過身體的各種動作與外界溝通，它常常能呈現我們內心的真實感受。很多人講得頭頭是道，但肢體洩漏了心思，於是降低了他們話語的可信度。實驗證明，向外界傳達訊息時，語言佔比為百分之四十五，剩下的百分之五十五都靠其他身體組織來傳遞。肢體語言總是被忽略，也都是不自覺地流露出來，沒有在當事人的意願內，所以很多人認為肢體語言的可信度更高。

因此，磨練好說話技巧後，還要糾正自己的肢體語言。舉例來講，聊天時你說對方的話題很有趣，卻總是不自覺地避開對方的目光，身體還側向另一邊，那對方恐怕很難相信你說的話。想要掌握肢體語言，最好的方法是觀察自己的行為，私下對著鏡子反覆練習。

掌握肢體語言的藝術，我們說的話就更有說服力，還能掩飾緊張的心情，表現出更得體、從容的態度，也才更容易獲得對方的認可。掌握肢體語言需要注意以下幾點：

（1）身體不要太緊繃，但也不要鬆垮垮的

適當放鬆自己的身體，動作和舉止就會更加自然、流暢。有些動作常常出現，比方說雙臂交叉置於胸前，這是典型的防禦動作。擺出這個姿勢，你可能傳達出，自己不認可對方的觀點，或者不想和外界交流。再者，心情太緊張的話，身體會過度前傾，調整好距離，適當放鬆肩頸部位的肌肉，有助於放鬆心情。

要注意，放鬆當然是好事，但不要過於散漫，尤其是不要翹腿或抖腳。動作過大，對方會覺得個人領域被入侵，心理上會沒有安全感，甚至覺得反感。

（2）適當地進行目光交流，不要迴避，也不要盯著不放

眼神交流很重要，可以證明你十分重視對方，有在認真聽對方說話，這是突破他人心防的重要方法。若老是迴避對方的眼神，他會認為你不想交流，或者心不在焉。但如果你一直盯著對方看，則會引起他的警覺心。長時間注視帶著某種侵略性，對方會覺得自己正在被監視。美國前總統甘迺迪的妻子賈桂琳非常擅長運用眼神交流，許多和她交談過的人，都認為她溝通技巧很好。她不僅會選擇合適的話題，還會透過眼神交流，讓每個與她對話的人感覺到被重視，又不會覺得被冒犯。因此，適當地進行眼神交流吧，以此告訴對方，你正在認真傾聽。

（3）給予回應，不單單是透過言語

給予回應的方式很多，很多人都不喜歡只是回答是或否，長時間下來會很尷尬，但對方又需要確認，你對他所講述的內容是否感興趣。這個時候，肢體語言就能派上用場了。比方在對方提出觀點或者說話告一段落的時候，適當地點幾下頭，表達你的想法，讓對方更有繼續說下去的欲望。

（4）保持微笑與平和的心境

對方的談話若很有趣，就適當地微笑，當然，若是對方講了笑話，大聲笑出來也未嘗不可。自然地展露笑容，可以讓你看起來更加自信，更加遊刃有餘。

（5）放慢節奏，不要太急

人在著急的時候總會犯錯，別人也會認為你脾氣不好、做事情莽撞。因此，放慢節奏很重要。不論是平常走路還是與人溝通，以正常的速度行進就可以了，這不僅顯得你做事情從容，在做出決定前，也可以留出更多時間來冷靜思考。

（6）不要抖動身體或做出破壞氣氛的舉動

很多人為了消除緊張感，會不自覺地抖腳，對方看到，一定會覺得你不夠專心、不夠穩重。還有些行為，比方說轉筆，會分散對方的注意力，讓他無法專心跟你交談。老師最討厭學生有這些小動作了。你也可以請朋友來轉筆，感受一下這對交談氣氛有什麼影響。因此，不要讓自己做太多小動作，放鬆一些最好。

凸顯個人的特質與能力

請回答一個問題：你是「社交邊緣人」嗎？

或許有些人不理解這個詞的定義，簡單來說，就是指在公開場合存在感很弱的人。我身邊有個朋友稱得上是範本。

南西在公司默默無聞，每次有人請客吃點心時，她總是被忽略。之後她來找我諮詢，並詳述了自己的經歷。南西從小就比較文靜，雖然不內向，但也說不上外向或愛交朋友。她從不惹事，也不吵架，也不主動爭取什麼。班上的活動，不論是幹部選舉還是運動比賽，她都不參加；至於課外活動，如校內演講和辯論比賽，她也沒興趣。她的成長經歷非常平穩。直到高中畢業前夕時，發生了一件事情，她至今仍耿耿於懷。旅行時，全班同學準備一起拍合照，南西因為肚子疼，在廁所待了好久。等她出來的時候才發現，合照已經拍完了，沒有人要等她。更令她難過的是，沒人注意到她缺席了。大家都拍完了，南西也實在沒有勇氣說要大家補拍一張。大合照發到每個人手上之後，身邊的同學也沒意識到她有沒有入鏡。

這是南西第一次意識到自己的存在感很低，於是開始有意識地觀察自己的社交圈。同學有聚會時，她還能夠收到群組邀請函，但沒什麼人會專程邀請她，十次大概只有三、四次。一同參加過大學考試的同學，有的還記不起她的名字。她非常喜歡去一家小飯館吃飯，去過了十幾次，老闆還是不知道她是熟客。畢業之後，和她同期進入公司的新人已經與老員工打成一片，而她依舊默默無聞。南西很苦惱，覺得自己彷彿不存在，沒人知道她，也沒人在乎她，自我否定感也日益加深。她原本個性不算內向，但現在變得孤僻，不喜歡和別人交流。

南西的問題很常見，很多人也都遇到過這樣的狀況，而且都是從學生時代就已經發現自己老是變邊緣人。一開始，他們認為自己沒有成為學校叱吒風雲的人物和高材生，所以才會被忽略。但事實上，被忽略的原因不在於此，而是你沒能展現自己的長處，所以存在感才會不斷消失。回憶一下，你是否從來都不主動發言？是否很少參加團體活動？是否很少在公開場合發言，也不參與討論？你有沒有想過，參與活動時一點都不積極，別人怎麼會對你印象深刻，你又怎麼能獲得存在感呢？在交流過程中，當個邊緣人很難談得上有樂趣，一點參與感也沒有，無法加入話題當中，自己好像是個隱形的觀眾一樣。

就算成了觀眾，主角和劇情也不能挑選，只能被動接受。所以，很多人會抗拒參加社交活動，覺得它無聊又浪費時間，殊不知，人會有這種心態，真正原因在於自己的思想和行動不夠開放，也不去參與社交活動。互動才能建立關係，但基本要件是，你要讓對方知道你的存在。沒有存在感的人，就無法給人留下印象，那接下來又怎麼往來與認識呢？

因此，強化個人特質、凸顯個人能力，是必要的工作。把個人當成是一家公司，建立自己的品牌，並分析自己的特色、定位、人際關係等因素。我們可以嘗試以下幾種方法：

一、修飾外在

所有人第一眼就會觀察對方的外表，以建立第一印象。這是投入社交的第一項基礎工作，但就連在職場多年的人都會忽略。

衣著上，最容易犯錯的就是剛畢業的大學生。他們還未脫離大學校園那種輕鬆的氣氛，所以穿著比較休閒風，但不夠正式，有些公司就不能接受員工穿牛仔褲。舉極端一點的例子，有位在人事部門的朋友說過，有些男生夏天參加面試時，穿著涼鞋和沙灘褲就來了，非常不尊重面試的單位。我們在人際交往的過程中也一樣，穿著得體，身邊的人會認為你可靠又值得信賴。因此，每個人都應該根據場合和見面的對象來選擇合適的衣著。

不過，這不代表男士每天都得穿西裝、打領帶，頭髮上抹髮蠟；女士一定要穿套裝、踩高跟鞋。而是要因時因地，選擇合適的服裝。參加工作上的會議，一定要設法體現出自己專業的那一面；到了私人場合，則取決於見面的場所以及你和對方的交情。若見面的人與你關係不錯，那麼就可以選擇休閒風的衣著，讓對方發現你輕鬆的一面，進而拉近彼此的距離。在自己的衣櫃裡，一定要準備一、兩套正式服裝，以便因應突發情況。如果不清楚具體的衣著要求，可以去詢問你的工作夥伴，或是其他了解情況的人。

二、提升內在

給對方留下良好的第一印象後，接著要展示自己的內涵，不過這方面在平常就要多下功夫。首先，我們要多多吸收工作上的相關知識，包括理論與專業技術。而日常生活中的知識涵蓋範圍比較廣，包括文化、歷史以及時事等，或者對環境的想法或人生的看法。在工作領域中，我們要多多進修，加深對專業領域的理解，才能更懂得如何實際操作。

比方說，剛入行的你應該懂得不多，但工作幾年後，你應該累積了不少專業知識。除此之外，你對業界的變化、前景也會有自己的判斷。現在若你遇到一個工作三年以上的同行，你們的話題必然會圍繞著業界消息，如果你啞口無言，或者提不出好見解，那麼對方自然會認為你對這份工作沒熱情，對未來缺乏規劃。最終，對方也不會看好你個人的生涯前景。

反過來，若是別人來和你攀談，卻無法有系統地清楚說明問題，對於專業領域也一知半解，那你就很難認可對方。因此，你要不斷學習、累積更多知識並勤於思考，並仔細整理收集到的資料。你可以按照領域、類型來分門別類，若遇到和你領域不同的人，就會更容易明白對方的意思，更快融入對方的話題。

要注意的是，聊天的話題自己不是十分了解時，最好保持謙遜，不要太快下結論，態度要保留，避免讓人發現自己懂得不多又充滿成見，反而留下不好的印象。

三、言行要一致

說出口之前，要仔細斟酌用字遣詞，避免引起不必要的誤會。同時，行為和言語應當保持一致，不要只想耍嘴皮子。每個人都會思考、分析，做出自己的判斷，耍嘴皮子會令人覺得輕浮。

因此，要做到言行合一，除了說話要有技巧，還可以增加視覺效果，加深他人的印象，記住自己所講述的內容。比方提到關鍵時，要適當加強語氣，如「重要的是」、「關鍵在於」或是「總結來說」，並隨之調整自己的表情和肢體語言。表現出認真態度，你所闡述內容會更加可信。這樣一來，對方就可以迅速理解你想要表達的重點，還可以節省溝通時間，也能突顯你的專業態度，看起來更加自信、從容。

在面對面交流中要言行合一，日常生活中也要保持一致性。同事、主管、客戶或朋友會提出不同要求，在答應對方後，絕不可當做什麼事情都沒發生過，將所有的承諾拋到腦後。

有位前同事的行事風格就是如此，一開始和客戶溝通時，他總是非常熱情，做出許多承諾，老是把「有問題就找我」掛在嘴上。但事實上，當設計師交稿後，打電話來詢問印刷進度以及稿費，他永遠不接。這些都是工作的正常流程，他卻懶得回應，合作夥伴只好打電話到公司總機，但他還是請別的同事接電話，說他不在。很多夥伴因此都拒絕和他合作，寧願找藉口避開他，只接公司其他人的案子。

由此可知，回饋和承諾非常重要，它們代表你是言行合一的人，也是與人建立長久合作關係的基礎。比方說，主管交代的任務，或許你沒有立刻取得成果，但一定要記得及時回報重要資訊。這證明你有用心工作，主管也能掌握進度，適時給出意見。對客戶的承諾也是如此，如果做不到，那就絕對不要答應。你可以盡力完成，但不需要誇下海口。你的用字遣詞，會加深客戶的期待。如果最後做不到，客戶對你的信任度就會大幅下降，合作自然不能長久。因此，若有人前來尋求幫助，而你確實挪不開時間，那麼可以跟對方預約往後的時間，而非無限期地拖延下去。

四、注意溝通細節

除了面對面交流外，發電子郵件、打電話都要留意溝通細節。我們前面提到，外在形象與個人言行要一致，並尊重他人的生活習慣。有些人不喜歡講話距離靠太近，有些人不喜歡喝酒，有些人討厭菸味、香水味等。注意這些細節，調整自己的言行，彼此相處就會更自在，也能體現出我們的尊重之意。

發送電子郵件時，最好按照標準的商業書信格式，從字體到稱呼，都盡可能得體，內容最好言簡意賅，並在主題欄標明發信的主要目的。同時，在郵件背後可以加上簽名檔，以加深對方的印象。

用電話溝通時，用字遣詞要注意，說話要不急不徐。我有位朋友十分受歡迎，他自己認為，這是因為他掌握一個小技巧。他跟人通電話時，不會主動先掛斷電話，而是讓對方講完。他還因此成功得到一個內幕消息。對方原本還在猶豫要不要透露關鍵消息，但在掛斷電話前的那幾秒空白中，他才終於想通，據實以報。透過這種方式，他為對方找到考慮的空間，進而得到重大的業界情報。因此，一定要注意各種溝通時的細節，才能有效地交流。

溝通要有效，就要傳遞出具體有用的訊息

有效溝通是指什麼呢？依照大眾傳播的觀點來說，人與人（或群體）傳遞和回饋思想、感情，就叫做溝通。在傳統意義上，溝通是指面對面交流。在現代社會中，交流方式越來越多樣化。從電腦、網路的發明和普及，到智慧型手機成為生活必備品，交流的管道越來越多。

雖然交流方式增加了，但過程並沒有因此而變得更加簡單和容易。在現

代社會中，我們每天接收到的訊息非常多，當下可說是資訊超載時代。不過，人們反而對溝通、對他人和這世界越來越提不起興趣。每天瀏覽數十條、數百條資訊，卻只有一些能夠讓你有印象，能記住的內容也寥寥無幾。

小智是一個剛畢業的大學生，是標準的網路世代，網路社交的忠實擁護者。在他的社群網站上，每天更新的動態消息至少有上百條。他在網路上擁有眾多好友，名單一直維持在四百人以上，可說是社交達人。我問過他：「你能把網友的動態都看完嗎？」他說只是快速瀏覽一番，大多數的動態都沒什麼意義。長輩會貼一些養生的訊息，年輕人則是貼美食、購物或是參加聚會的照片，同事都是在強調自己的工作成果……但都不是什麼大事。偶爾也會有人貼出業界最新消息，但都淹沒在滾滾資訊大海之中。這些長輩、網友當然與小智有交流，但傳遞出的訊息很龐雜，很難看出其價值和重點，最後自然無意識地被忽略。

那麼，問題究竟出在哪裡呢？

首先，大多數資訊都毫無營養，脫離現實生活，談不上有實用的價值。我們每天主動或被動地接受外界給我們的資訊，但大多數其實都沒有什麼價值。舉個簡單的例子，很多人會上社群網站，看小貓喝水的影片，或者小動物賣萌的照片，但看過就算了，和你的現實生活沒有關係。

雖然你可能會覺得有趣，或者感受到一點快樂，但你不會一直看這些影片與照片，牠們離你的生活太遠，還不如你上班時在路邊偶然遇到的小動物。溝通是在傳遞資訊，當它們本身毫無價值，無法引起他人的興趣時，就沒什麼交流的效果。此外，這些資訊都十分龐雜，根本沒有重點、邏輯和條理，接收的人自然很難找到重點，不知道發文的目的和期望，自然會感到厭煩。

最後，這些資訊呈現的方式過於誇張，比方配上嘈雜的音樂，或者是讓人誤導的標題，再加上不負責任的評論和了無新意的主張，接收的人終會覺得反感。平常聊天時，誇張的聲調能吸引聽眾的注意力，但若是資訊本身很空洞，就很容易讓人覺得你嘩眾取寵，最終留下不好的印象。

有效溝通到底是什麼樣子？我們或許可以從下面的例子中學習一二。

行銷新鮮人的求生記

小曼在大學念的是美術相關科系，畢業後進入了一家大型百貨公司，專門負責網頁和活動海報的設計工作。她性格開朗，說話溫柔，工作沒幾個月，就和同事、主管建立起了良好關係。在原本的生涯規劃中，她希望能努力賺錢，在設計這條道路上走下去。然而，工作了幾個月之後，她的想法完全改變了。她發現自己沒辦法從工作中得到快樂，也沒有絲毫的成就感，不過，她還是盡心盡力完成任務。因為職務需要，她常常得和行銷部門聯繫溝通。

她的穩重和認真給行銷總監留下了非常好的印象。小曼逐漸了解行銷的主要工作，對這個領域很感興趣，特別是獎金以及薪水比較高。思考了幾個月之後，她和行銷總監越來越常交流，也很敬佩對方的能力，讓她更了解工作的其他面向。相對地，總監也欣賞小曼的敬業和努力，包括她對自己生涯的探索與規劃。在雙方都確認了意向之後，小曼申請轉調部門，成功加入行銷團隊。

轉換部門之後，小曼成功地改寫人生劇本，她後來到另一家知名企業擔任行銷總監。她越來越熱愛自己的工作，並且希望在未來能不斷取得更好的成果。

小曼問過當時接收她的總監，為什麼會選擇她。畢竟，在所有部門中，行銷部算是重中之重，所有人都想擠進去。總監告訴她，除了工作能力不錯，有件事情還令他印象深刻，證明小曼未來有無限的發展潛能。

當時小曼剛到公司六個月，高層決定和其他公司聯合舉辦促銷活動。這個活動不是公司的重點專案，但要聯繫的人很多，所以溝通起來非常耗時。小曼按照要求製作活動海報，公司內外合作夥伴都確認後，定稿準備輸出。

原本準備結束工作，合作單位卻突然打來電話，以強烈的口氣，要求小曼修改海報和相關資料。公司內部的窗口非常生氣，因為對方提出的修改要求非常抽象，諸如「顏色不夠跳」、「字型要有力一點」、「設計感強一點」等，讓人摸不著頭緒，許多要求還自相矛盾。

小曼改了好幾次都被退件，眼看印刷輸出的截止時間就要到了，她只好在同事的幫助下，直接和對方通電話。改動多次，所以她心情十分煩躁，但在電話中，她盡量保持平和的口氣，以冷靜、有禮的態度，簡單明瞭地說明她設計的特點和理念。當然，她願意採納對方的意見，以做出具體調整。她詳細詢問對方的要求，並提出相應的修改方案。小曼的溝通技巧非常有效率。最後，她委婉地誇讚對方做事嚴謹，並再次表明了，公司有誠意解決任何問題。

電話時間不超過三十分鐘。掛上電話後不到一小時，海報和相關資料終於定案，可以說非常迅速。合作單位的窗口還打電話來表示歉意和感謝。這次危機充分證明小曼在溝通方面的卓越能力。她不僅能迅速地說明情況，還能直接給出解決方案。

行銷總監了解這件事情後，便下定決心將她招入麾下。總監相信，憑藉她的個人能力，絕對能在行銷界取得傲人的成績。

小曼的成功就是明證，說明有效溝通的價值在哪。她不僅完成分內的工作，還幫助她獲得潛在的機會，被更多人認可。我們看到，小曼採取一些非常好的溝通方式，包括有禮貌、講重點。因應當下的情況，她細微調整設計稿，但不會接受所有不合理的要求。並透過婉轉的表達方式，說服對方接受她的理念。

有效溝通的六大原則

因此，結合上面提到的兩個例子，可以確定的是，要達成有效的溝通，我們得避開失敗例子中出現的問題，並吸取成功例子中的智慧。總而言之，想要有效溝通，大家可以遵循以下幾個原則：

一、溝通內容要有趣，更要與對方有關連

內容有趣才能引起對方的興趣，枯燥乏味的話題自然不可能開啟交流的契機。因此，在交談之前，要想想對方的立場，看他希望談什麼。了解他的目的，溝通才有方向，找出與他相關的話題。

二、言簡意賅，避免說出重複的語句

說話最好簡明扼要。平常聊天就不在此限。若是工作上交流，說話就不要拖泥帶水。也就是說，講話時不可無意識地重複上一句話，或是把含義相同的內容用不同的語句說好幾遍，也不要用太多轉折詞。重複的句子會模糊焦點，對方會認為你所說的內容毫無意義，並逐漸喪失興趣。

三、用詞要具體又明白，不要過於抽象

切入要點，但不可用詞粗魯，可選擇委婉或者中性的詞彙，以表達自己的意願。講話太抽象，對方就很難接收到具體的訊息，搞不好因此會錯意，做出錯誤的判斷。

四、整理重點、做出結論，讓對方快速掌握你的意思

不管是說過的話或是準備要溝通的內容，都要做適當的總結，才有助於對方迅速掌握你的想法，交流才會更順暢。除了節省溝通時間，這麼做也可以避免對方因注意力不集中而遺漏重點，造成各說各話的局面。

五、注意現場的氣氛，開玩笑要適度

交談時多多少少都會用誇張的表達方式，但要慎重，最好先確認現場的

氣氛以及對方的狀況。講些無傷大雅的笑話，可以吸引對方的注意力，活絡現場的氣氛。不過，用太誇張的表情或聲調說話，反而會給人浮誇、頭腦簡單的印象。

六、引導對方表達看法

交談時，不時詢問對方的意見，不要自顧自地講下去，而是要帶出話題，才彼此交流意見。不時提問，引導對方表達看法，以建立良性的互動。

提升自己的親和力

親和力是什麼呢？

人與人溝通的時候，若釋放出情感力量，彼此就會親近。親和力越強的人，越容易獲得信任，也越容易結交朋友。我們舉個例子，看看親和力強的人到底有哪些好處。

阿寧是一位心理諮商師，也是我見過最有親和力的人。阿寧身高中等，表情柔和，她總是能夠快速取得案主的信任，因此工作非常有效率。有一次，我們談起親和力，阿寧分享了她的經歷。

小的時候，阿寧一直沒有意識到自己是很有親和力的人，她只是覺得，自己比較有人緣。從上小學開始，她就一直是萬人迷，成績中上，但舉止有禮貌，個性溫和，總是笑呵呵的。鄰居奶奶看見她，總會主動拿零食給她吃；同學有什麼新消息，也願意和她分享。上了大學她開始學習心理學，慢慢意識到自己是很有親和力的人。因此，她有意識地開始強化自己的社交技巧，提升自己的親和力，因此她交到了更多的朋友，工作上也越來越順利。

阿寧天生就有親和力，但後天也有自我訓練和提升。她的親和力流露在內外各方面。這不僅僅源於她的日常習慣，比方說保持微笑、態度溫和、說話溫柔。她還是個自律的人。穿著簡單大方，遇到熟人或者陌生人都會先露出微笑，笑容自然親切。她說話時，會有意識地放慢速度，盡可能清晰地傳達內容，從不會拖拖拉拉。在論述或下判斷時，善於運用邏輯思考，有理有據地說服他人。她的興趣十分廣泛，喜歡讀書，也喜歡和他人討論，對自己不了解的事物會保持著一定的好奇心，也願意嘗試和挑戰不熟悉的東西。

我身邊很多人都有潛力成為親和力大使，但自己卻沒有意識到，也沒有善加利用這個長處。

美琪是某家連鎖超市的業務部組長，她在進行生涯規劃的時候，「自己的優勢」那一欄她保持空白。她認為，除了認真工作、做事勤快之外，沒什麼優勢。但事實上，她忽略了自己最大的優勢：親和力。

美琪大學畢業後，就進入一家公司當會計，做事認真嚴謹，工作還算順利。過幾年後就結婚、生小孩，那時她辭職專心照顧家庭。孩子上小學後，她打算重回職場，但空窗期太久，所以找工作時遇到了一些困難。最終，她還是成功應徵上這家連鎖超市，開始了全新的工作生涯。

在入職初期，美琪一直認真學習，對工作盡心盡力。她總是主動完成任務、敢於承擔責任，在主管的認可下，她成功晉升為組長。分析她的經歷和日常生活後，你會發現，她和同事的關係都不錯，大家喜歡請她幫忙，也願意幫助她完成各項工作。因此，升職之後，她幾乎沒遇到什麼阻礙。

她自我要求嚴格，總是在觀察組員的需求，所以她的團隊凝聚力很強，成員的關係和諧又穩定，所以小組工作都能順利完成。人事部對同仁做了問卷調查後，美琪得到很高的評價，她很驚訝，沒想到同事們都認為她勤快、可靠又樂於助人。

同事不僅認可她的工作，對她個人的品性也十分信任，願意和她分享更多的事情。有些甚至在見到她第一面之後就很喜歡她，想要和她建立朋友關係。美琪從沒想過自己在身邊的同事眼中是這樣的形象，在看到調查結果後她才意識到自己深受大家歡迎，也對自己的親和力有了一定的認識。回想自己的成長經歷，她認為她的親和力並非天生，而是家庭培養的結果。在她看來，她的性格天生就比較急，耐心不足，但從小父母就對她要求嚴格，她幾乎沒有因為個人情緒或者性格問題而粗暴、不理智地行事過。總而言之，她的親和力是源於後天的養成。

因此，除去天生就有親和力的人之外，很多人的親切態度都是逐漸養成的。要知道，所有人都可以透過訓練提升自己給人的好感度，成為和阿寧、美琪一樣受歡迎的人。下面總結了提升親和力的幾個方法，大家可以在日常生活中多多練習，讓親切態度成為我們的最佳助力。

一、主動微笑和問候

很多人總是等待他人先遞出「橄欖枝」，才肯微笑和問候對方。這種被動等待，不可能顯示出你的親和力。想像一下，你和新同事或者陌生人見面時，對方若面無表情，只會讓你留下不好相處的印象。主動打招呼，諸如說句「你好」、「幸會」、「初次見面，很高興見到你」、「好久不見」等，雖然簡單，但能創造溝通的契機、開啟話題。主動展現友善和自信，能給他人留下美好的印象。

二、帶出話題，認真傾聽

每個人都有傾訴的欲望，而有親和力、善於交談的人，往往就是最好的傾聽者。請記住，聽比說更重要，更容易縮短和人的距離。適當地帶出話題，認真地聆聽對方的心聲，就能成為對方的「樹洞」。過程中，你能夠更加了解對方，對方也能感受到你的尊重和善意，彼此的距離就更加靠近。同時還要注意，在傾聽的過程中，最好適當給予對方回應，引導對方繼續說下去。

三、拉近關係，增加互動

他人對你有好印象後，雙方感情就會越來越好。當你不斷展現親和力，和對方的距離就會縮短。唯有如此，交流才會更加密切、自然，為日後相處打好基礎，你才有機會走入對方的社交圈。

初次見面後，最好記住對方的名字和喜好，記錯名字的話，好感度就會大打折扣。在重要的節日，我們可以問候一下對方，或者時不時地聯繫一下，關心對方的近況。這種互動能夠加強對彼此的理解，感情也會升溫。記住，互動的頻率越高，關係就越密切，久而久之就會想交心。可想而知，長期沒連絡，我們就不了解對方現在的生活，共同話題必然很少。對方想要談論的話題無法延續，關係自然疏遠。但需要注意的是，在拉近關係的過程中，要拿捏好分寸，不可過於急躁。保留對方的自由度和安全感，再接著想如何縮短距離。

四、不卑不亢，坦誠相對

做人親切，但不代表要一味忍讓。尊重自己也尊重他人，想法有見地、有分量，才是真的有親和力。在交談過程中，彼此的觀點一致，或是不挑起敏感話題，當然是最理想的狀態。觀念和興趣相投，就會產生共鳴，接著建立起情感上的同盟關係。當然也會遇到意見不合的情況。不可能事先設想得面面俱到，人云亦云、一味忍讓，對方只會認為你沒有自己的想法和觀點，不夠自信和成熟。因此，無須為意見不合而感到緊張，冷靜一點，這正是展現你親和力的好機會。

若是話題走向不對或者岔題，可以適時地提醒對方。若是觀念不一致，我們依舊可以闡述自己的觀點，但要保持理智。下面列出幾個常用句型給大家參考：「您說得有些道理，但我想說的是……」、「感謝您的分享，我想要補充……」、「就這個問題，我有一點想法，想和大家分享一下……」同時要注意，就同一個議題，最好不要隨意變換答案或意見，否則大家會覺得你的看法不夠專業，總是人云亦云。

五、選對稱呼就能展現你的誠意

如何稱呼對方，看起來是交流時無足輕重的小環節，但其實非常關鍵。

稱呼選對了，可以增加對方的好感，證明我們打從心底尊重他。面對年紀大的人，開頭一定要加上職務和頭銜，如「王總」、「孫館長」等，還要記得加上敬語「您」。若是和同輩的人交流，比較熟了之後，就可直接稱呼對方的名字，不要連名帶姓叫，才能顯示彼此的好關係。同時，在交流過程中，可以用稱呼培養團體意識，建立革命情感，如「我們家的同仁」、「團員」、「夥伴」等，以強調眾人的合作關係，增強團隊與盟友精神。

選擇正確的稱呼後，要用真誠的態度贏得對方的好感。畢竟，除了口頭上表達禮貌與親切，態度也要誠懇，對方才能感受到你的心意，把你當成親密的戰友。

六、好話說對，適度幽默

好聽的話沒人不愛聽，適當的誇獎絕對是拉近關係的利器。但是，這種技巧也需要練習。你得觀察、找尋對方的優點和長處，並給予適合、得體的誇讚，讓對方真正感受到你的誠意。但要注意，絕不可刻意誇獎，每個人的特點和優點都不同，虛偽而非老套的稱讚，會產生反效果，表情和語氣沒有配合好，被誇獎的人甚至會覺得你是在諷刺他。

誇獎讓對方開心，幽默感可以調節氣氛。適度開個玩笑，相處起來會更加自然、輕鬆，距離也會拉進。合理運用這個手段，能加深他人對你的印象，消除交流過程中可能產生的尷尬和緊張。

人際關係就像同心圓，一層一層向外拓展

關係到底是什麼呢？

關係是指人與人、人與事物、事物與事物的連結。人身上體現了各種社會關係，它們構成了日常生活的根本，因此，沒有人能夠完全脫離社會。有些關係從出生就註定好，如親子、血緣，也有些關係是後天發展而來，如同學、同事。在關係中，我們和對方發揮自己的獨特性，並扮演各自的角色，

最重要的是，它是我們的存在感的根源。

在第一章，我們提到「六度分隔理論」，它是一種人際關係網。我們因此了解，關係可不斷向外擴展，透過不斷地交流，認識的人越來越多，生活圈也越來越廣。關係一層一層向外拓展，才能建立自己的人際網路。

光遠是一位業務經理，他在公司已經三年，稱得上是部門的骨幹。然而，原本前途光明的他，職業生涯面臨危機，因為公司即將重組。業界景氣不好，他煩惱不已，得準備換工作。

光遠和好友透露了自己想跳槽後，一份意想不到的邀約出現在他面前。有位前同事在公司待了半年，光遠和他關係不錯，雖然算不上是至交，但還算談得來。前同事正就職於一家頂尖的公司，不久之前才開出了職缺。聽聞光遠的打算之後，前同事立刻聯繫公司的人事主管，得知公司的職缺還在，於是通知了光遠前來面試，還努力在主管面前美言幾句。

對光遠而言，這次機會來得太及時了，他順利地度過了職業轉換期，還得到更好的發展機會。前同事促成了這一切，這就說明了關係的擴散效應。那麼，要達成這種效果，我們應該做些什麼呢？怎樣才能讓它自然而然地發揮作用、沒有阻礙呢？

答案是，真正認識身邊的每一個朋友。

很多人可能不太理解這是什麼意思，在大多數人看來，交朋友是再簡單不過的事情，畢竟了解對方，才有可能進一步接觸。但人其實很複雜，日子久了，我們對朋友的看法會發生變化。想要真正認識一個人，需要多觀察，多了解，對他的個性、修養、行事作風等方面有全面的認識。我們可以從日常生活中看出一部分，還可以透過他的朋友來了解其他面向。

比方說，有的人專交一些行為不檢點、說話粗魯的朋友，那麼這個人在修養和品行上就很難令人信任，俗話說「物以類聚，人以群分」，這句話雖然不是絕對的，但在大多數情況下都適用。以此類推，若是有人外表並不起眼，但朋友卻非常信任他，那麼他應該在人品上十分值得信任。有的人在公司十分冷靜內斂，但如果他的朋友多是性格爽直的人，那麼這個人在私底下應該也是直率的人。他對你的態度比較客氣，或許是因為你還沒有進入他自己劃定的「朋友圈」中。有些人因為有共同喜好而結為好友。所以透過其朋友的興趣，就可以推斷出某人的個人喜好。

喜歡講朋友八卦的人，應該也會將你的私事傳遞出去。有的人喜歡跟人炫耀，自己多會佔人便宜，那你就要小心此人。有人生性虛榮，總是說自己、朋友和家人有多了不起，那此人必會擔心你未來會超越他。有些人處事圓滑，喜歡當「爛好人」，在眾人發生爭執的時候，往往會選擇明哲保身。有的人貌似熱心，還會提醒說有人在詆毀你，這種人不一定是好朋友，可能是在挑撥離間。相反地，當面指正你的人，不一定是為了讓你沒有面子，他只是因為性格太過於直率，所以你可以想想他的說法是否有道理。不孝順父母的人，可能不懂得感恩；太過於孝順的人，可能缺乏主見，沒有能力掌控自己的生活。對婚姻和家庭不忠的人，個性不夠堅定，缺少責任感。

除了這些例子外，在生活中，我們可以觀察更多各式各樣的人。重點是，一定要用心去觀察和分析，不要人云亦云，才能做出自己的判斷。了解朋友的個性，才能找出更合適的相處方式，而建立良性的、有深度的人際關係。有些朋友可以深交，有些人適合當點頭之交，而有些關係需要調整。透過交往程度深淺不一的人，我們建立有層次的社交圈，讓生活領域不斷往外拓展。

深入了解朋友的個性後，就可以確定該用何種模式和對方相處，比方說是要逐步加深還是劃清界線。在成功確認相處模式後，該如何將這層關係延伸出去呢？方法很簡單，先維繫好跟朋友的交情。想拓展生活圈，就要請朋友幫我們引薦、建立新的社交圈，接著我們要積極與對方互動，以培養互利的關係。透過這樣的模式，關係就能不斷往外拓展。

那麼，如何確保關係不會往負面的方向發展？下面給大家介紹一些守則，幫助大家建立並維護人際關係。

一、主動幫助，有捨才有得

很多人總會斤斤計較，或者嫌麻煩不願意幫助別人，卻沒有意識到，交流的根本目的就是互相幫助，不論是物質上還是精神上，都需要付出心力，才會有所得。只有和他人分享你的知識、資源，付出一定的時間和精力，用心解決問題，才可能證明自己和對方的價值。在互動中，關係才會更密切，你的影響力才會越來越廣。唯有如此，在你需要幫助的時候才會有人伸出援手。交流是一種投資，付出才有回報。

二、主動求助，創造互動的契機

主動向他人求助也非常重要。大多數的人只想到，幫助他人會有回報，其實向外尋求協助，一樣可以創造互動的契機。遇到困難的時候，一定要去找信得過的朋友，這一點都不丟臉，反而給對方關心你的機會，也創造了雙方互動的契機，更能證明你們的感情多麼深厚。當然，朋友不一定會幫助你，他們也有難處，所以自己要做好被拒絕的心理準備。

三、慷慨不代表讓人予取予求

很多成功人士分享自身經驗時，都會談到關鍵在於慷慨。這句話當然沒錯，慷慨大方的人總是受歡迎，人們都願意追隨和信任他。不過，在表現大方的態度時，要拿捏好尺度，不可令人予取予求，而是在你能力範圍內幫助對方。毫無底線的付出，不一定能解決問題，他人也不會將你的幫助放在心上。與人劃出明確的距離，不要無限制地付出或接受他人好處，才能維持長久的關係。

四、確認自己的想法，制定清楚的目標

釐清心中的想法，才能有目的地規劃目標，制定出具體、有效的策略，

打造屬於自己的人際網路。首先，制定一個大目標，再從中列出具體可實現的小目標，再依照週、月、年逐步完成。第二步，列出貴人名單，他們能夠幫助你實現目標。第三步，分析你和這些人的關係，還未結識的就找管道去聯繫，已經結交的就好好維繫感情。

五、平時培養好感情，好過臨時抱佛腳

每個人心裡都有一把尺，若你有需要時才找朋友求助，就如臨時抱佛腳，成功的機率必然很低。換個角度來想，不熟的朋友冒昧來請求協助，我們一定會仔細考慮後再說。因此，在日常生活中，最好不時跟朋友互通有無，在關鍵時刻，他們才會幫助你度過困難。用心培養感情，才能以備不時之需。你永遠也不知道，未來哪一天需要別人的幫助。

尋找自己的小團體

小團體可以包含來往的對象，也代表個人的活動範圍。根據不同的標準，我們將身邊的人分出親疏遠近。每個人有自己挑選朋友的標準以及對待方式。以名作家魯迅為例，他的朋友圈有許壽裳、臺靜農、曹聚仁等，他還是文學社團「語絲社」的成員。而詩人徐志摩則是「新月派」的代表人物，朋友有章士釗、梁啟超等。

我們會不自覺地尋找和自己氣味相投的人，小團體就是這樣產生的，它可以幫助我們迅速找到志同道合的人以及認識全新的環境。強尼的創業經歷或許可以給我們一些啟發。

強尼大學時就讀於資訊系，那時他沒什麼特別的夢想，認為畢業後會進入相關產業。念書時，他就經常參加各種電競比賽，也獲得不錯的名次，還能兼顧課業。強尼不僅從電玩中獲得樂趣，還因此深入了解遊戲市場。畢業後，他創辦了某個線上遊戲平台，會員人數非常多，隨後他也成立自己的公司。幾年後，強尼對產業發展有不同的想法，因而賣掉了公司。強尼再次創業，不過他跨入了完全不同的產業，和電玩完全沒有關係。他預見到快煮麵的隱藏商機，便決定踏出舒適圈，期待自己能在新領域找到一片天。

創業需要資金，強尼的積蓄還不夠，不得不四處尋找投資人。這時候，他在資訊業結識的朋友幫了大忙。早在第一次創業的時候，強尼就開始慢慢接觸其他的投資人和創業者，於是成功地進入了某個投資圈。在這些朋友的幫助下，他順利和一位天使投資人見面。進行詳細溝通後，投資人決定資助他的新創事業。最終，強尼的快煮麵成功上市，並迅速搶得市佔率。

強尼會成功有好幾個原因。首先，他對市場的敏銳度極高，知道哪個產業有前景，也就是說，他創業前有下苦功做好功課。然而，再好的投資計畫，也需要銀彈支援。強尼在需要資金的時候遇到貴人，才因此抓住時機，提前佔領市場。由此可見，他先前打入的小團體給了他多人的幫助。

小團體要怎麼進入呢？它和一般人際關係不同，小團體有自己的屬性與門檻。社會上有各式各樣的小團體，讓人們迅速找到自己的同類。在人生的不同階段，我們會加入不同的小團體，性質各異，進入的門檻自然也不同。加入新團體時，重點在於找到當中的關鍵人物，並迅速融入團體的氛圍。那麼，該怎麼做才能很快成為圈子裡的一分子？

一、打造自己的智囊團

每個人都有自己擅長的領域、資源和做事方法。而能夠幫助你解決問題的朋友，都是你的軍師。這些人加起來就是智囊團，能幫你開拓新領域並保住現有的資源。智囊團不只局限於自己的朋友，還包括願意幫助你的有識之士。有位研究生跟我分享，當初參加入學考試時，很幸運地結識一位網友。兩人都是某個研究生論壇的資深會員，常常一起討論考古題，所以關係越來越密切。這位朋友不僅幫他搜集到許多考情資訊，還引介他認識後來的指導教授。

二、分門別類，構建你的人力資源庫

把每個結識的人按照特點分類，將自己的人際關係劃分成不同圈子。這樣分類的好處是，遇到問題時，需要找人協助解決，就能夠在第一時間找到關鍵人物以及解方。同時，這也便於你建立自己的應援團，當中的朋友不僅可以相互結識，還可以藉此帶入更多人，讓他們成為你的團員；你也可以加入他們的社交圈。

三、尊重每一個人，為未來做準備

不論你遇到的人職位是什麼，都要誠心尊重對方，這不僅是為了體現你良好的修養，也會為你帶來潛在的發展機遇。很多人以為公司的櫃台人員不重要，其實你的評價最容易透過他們傳到其他部門和小團體。因此，一定要尊重每一個人。在香港的某部電影裡，有幾個人一同參加面試，考試內容是穿珠子，限定時間為一個小時。在考試過程中，一位進入會議室打掃的大叔突發心臟病倒在地上，其他人都在忙於穿珠子，只有一個人放下工作，準備將老人送去醫院。公司最後錄取的就是這個人。

四、時不時在朋友圈中刷存在感

在自己的社交網路中，你要常常跟人連絡，絕對不可要自閉。消失太久，人們就會忘記你，或是猜想你發生什麼變故或遭遇不幸的事情。分享生活和工作的近況，身邊的人才會了解你，日後連絡時才有話題。同時，我們要多關注那些重要、暫時失聯的人，主動問候、關心，對方就會記得你的誠意。

五、展現自己獨特的一面，分享你的熱情

想要拓展社交圈，一定要讓別人留下好印象，否則就得不到進一步的協助。因此，你必須與眾不同，唯有真實地展現自己，才能發揮獨到的一面。同時，為了讓你更有魅力，請熱情分享你的興趣、知識和見解，讓你的個人形象更完整、有趣且更具感染力。如此一來，身邊的朋友就會願意帶你去加入其他的社交圈。

六、用共同點拉近距離

小團體的成員間都會有共同點，除了內在的交流和分享，我們也可以透過外在事物聯繫感情，以感覺彼此有很多相似處。這些事物包括衣物、配飾、書籍和音樂等。有了這些東西，第一時間你就能被成員接納，讓你快速找到可以談天的話題。

隨著人際網路的發展，結識的新朋友越來越多，就得在他們身上花費大量的時間和精力，也自然地會忽略老朋友。每個人的時間都有限，要花時間結交新朋友，和老朋友相聚的時間必然會縮短，但需要提醒大家的是，老友的價值遠比我們想像中的重要得多。

朋友像老酒，越陳越香

不知道大家有沒有聽過這樣的故事？大衛的父親是一位富豪，他努力工作，勤勉寬厚，是遠近聞名的大好人。和父親截然相反，大衛好吃懶做，整日無所事事，還結交了一群亂七八糟的朋友。一天，大衛的父親將他叫到跟前，告訴他自己即將破產，大衛即將一無所有，連下一頓飯都沒著落了。此時大衛終於惶恐起來，他趕緊打電話給朋友，但對方一聽見他家的情況，都離得遠遠的，生怕被他連累。

父親這時叫大衛打電話給兩位合作夥伴，一位結識不久，父親剛剛幫助過對方，另一位是相識已久的老友，曾經幫助過大衛的父親。大衛照辦。他原本以為，父親幫助過的那位夥伴一定會伸出援手，結果卻馬上掛電話。而那位幫助過父親的舊友，卻選擇幫助他。

從這個故事中，我們看到，大衛能獲得幫助有兩個關鍵要素。首先，願意幫助大衛的，就是父親的老恩人，雙方確實曾互通有無。其次，這位恩人和大衛的父親有情誼，所以遇到大衛這樣的後輩求助時，會想要伸出援手。

很多人認為，這個故事再次證明：你幫助過的人，他不一定湧泉相報；而幫助過你的人，會再次伸出援手。由此可見老朋友多麼重要可靠。花時間和朋友博感情，就會有許多物質和精神上的互動。相對地，新朋友的感情還不穩固，互通有無的機會就比較少了。

再舉一例。阿輝獨自到北京工作已經四年多了，他最怕的不是繳不起房貸、車貸，而是生病。前幾年，阿輝身體還算健康，閒暇時還會去運動，很少生病。隨著工作越來越忙，運動時間越來越少，總是加班的他，也感覺到身體越來越差。他沒有放在心上，以為不會有嚴重的情況發生。

然而，有天上班時，他忽然感到眩暈，不得不去醫院檢查。他獨自躺在急診室的病床上，不禁難過起來，竟沒有人可以陪伴他。同事都要上班，朋友各有各的工作和家庭，也總不好意思麻煩他們。他心情落寞，於是在社交網站上用婉轉的文字抒發心情。結果晚上一做完檢查，多年未曾聯繫的大學同學就傳簡訊給他，並隨即趕來醫院探望他。

原來，大學同學從校友群組裡得知消息，眾人商量過後，不放心阿輝一個人在醫院，特地排了班，每天派同學來陪他。阿輝不禁回憶起念書的日子，那個時候大家有事就互相幫助，沒想到，如今在他遇到困難的時候，同學們又都出現了。其實，阿輝的同事和出社會後交的朋友也不錯，但與學生時代的死黨相比，後者更多了一分情誼。我們不需要花費很多時間跟老友交流，感情永遠在，只要常保聯繫，不時關心彼此就可以了。

因此，想要和老朋友和戰友們維繫感情，得做到以下幾點。首先，要以真誠的心與眾人保持聯繫。老朋友最大的優點是，我們比較了解對方，相處起來不會尷尬，也不會沒話講，因此一定要多多連絡、關注彼此的近況。要知道，人生每時每刻都會發生些微的變化，只要不常連絡，感情就會慢慢變淡。其次，多多發表意見，在團員中注入活力。發展一段時間後，小團體會慢慢進入穩定狀態，只有敢於發言、行動，注入屬於個人獨有的活力，才能逐漸獲得重視，而不至於淪落成社交邊緣人。

名人效應：百事可樂與倫敦市政府的成功行銷案例

顧名思義，名人效應是指因個人名氣、形象與地位引起大眾注意，並藉由此人擴大影響力。在現實生活中，名人效應隨處可見，日常生活中各式各樣的廣告就是明證。廠商請明星或名人代言產品，想要透過他們的影響力來提升產品曝光度，以刺激消費者的購買欲。名人本身要有號召力，代言才會有效。

民眾每天從媒體上看到名人，久而久之就會有好感，不自覺地就受其影響。因此，名人的形象和言行就很重要，會直接影響到和他有關的各種事務。因此，公司在製作廣告時，就會選擇大眾熟知的名人，以引起各界的關注。品牌形象要符合名人本身的特質，這樣民眾才會把自己對偶像的好感與信任，投射到他代言的品牌或產品，最後直接反應在消費行為上。眾所周知，百事可樂就是最好的例子。

百事可樂隸屬於百事飲料國際集團，在全球的年銷售額高達幾百億美元。百事集團的成功，和它一直秉承的理念有很大關係。百事可樂的主打概念是「渴望無限」，這種積極、不斷挑戰自我的精神，非常符合年輕人的胃口。為了把此概念和精神推廣出去，百事集團總是跟著潮流，邀請時下當紅的明星作為代言人，把品牌形象具體化，讓新一代的年輕人理解和接受百事可樂。

百事可樂的歷任代言人涵蓋國內外巨星，包括麥可．傑克遜、蔡依林、郭富城、鄭秀文、貝克漢等。他們代表不同時期的社會潮流，而百事可樂無形中為大眾記錄了歷史。在品牌精神、明星光環和時尚潮流的影響下，年輕人對百事可樂產生了認同感。而它產品本身也隨著潮流不斷創新，深深影響好幾個年輕世代。

在名人效應的推波助瀾下，百事可樂迅速找到了目標客群，並擴大了自己品牌的影響力和知名度。跟其他飲料相比，消費者總是會優先選擇百事。

再舉一例，倫敦旅遊當局在宣傳城市觀光的時候，則是找來了不同特質的代言人。在一系列的城市宣傳片《倫敦故事》中，從知名廚師拉姆齊、演員瓊安娜．林莉、再到市長波里斯．強森，每位名人都透過自己的眼光，來講述這個城市的魅力之處。

比方說，拉姆齊提到自己熱愛倫敦的食物，可以說是無處可比。林莉說自己在倫敦居住了四十五年，花園和街道都非常漂亮，各種鮮花按季節競相開放。市長強森則強調，倫敦的綠地比其他歐洲城市更多，而且犯罪率低，是極受歡迎的偉大城市。

拉姆齊是名廚，所以他對美食的評價十分可信，大家自然會相信倫敦是美食之都。林莉以自己實際的居住體驗掛保證，讓人們不禁好奇倫敦到底有多美。至於倫敦的治安，由市長本人來評價顯然更具權威性。三個不同領域的知名人士，透過自己的身分和經歷將倫敦的特點傳達給大眾。宣傳片一公開，便引起廣泛的關注，當年去倫敦的海外遊客數量激增，因而帶動了當地的觀光產業。

運用名人效應的三大原則

在社交場合中，也會有類似的名人效應。出名的人物總會讓大家印象深刻，讓他身邊的人也沾光。比方說，我們會不自覺地猜想，教授的朋友必然也是知識分子，畫家的朋友必然也很有品味，廚師的朋友必然也是老饕。此外，結識名人可以當作名片，以增加我們信可信度，人們相信，成功者的朋友其事業也不會差到哪裡去。

喬治經營一家公司，專門製作和販售皮包。公司小有名氣，在人們眼中很有發展的前景。但創業初期，喬治的企圖心並未得到外界認可。當時他苦於沒有穩定的銷售通路，他想開發市場，但因為沒有知名度，所以通路的合作條件十分苛刻，根本就賺不到錢。喬治想了很久，決定先和業界最知名的商場合作。在一位朋友的幫助下，他結識了該商場的採購部主管。喬治並沒有當下就提出請求，而是先了解商場當年的銷售目標和經營策略。和採購部主管的交情變好了以後，他才提出了自己的計畫：他的產品不只符合該商場的風格，還能創造更好的業績。採購部主管聽完喬治的計畫後，認真地進行評估，最終同意讓喬治設櫃。聽聞這一消息後，其他通路也開始重視喬治的產品，紛紛邀來前來洽談。這一次，合作的條件寬鬆許多，喬治的事業才終於有起色。

一開始，喬治沒有獲得各家廠商的信任，直到他和最有名氣的商場開始合作，其他廠商才紛紛改變看法，讓喬治的商品上架。在他們看來，最有名氣的商場會破例合作，此產品一定有過人之處，值得嘗試。可以說，喬治是借助商場的名氣，以提升自己產品的價值，進而打開市場。

那麼，如何利用名人效應，讓自己的人際關係更上一層樓呢？我們需要做到以下幾點：

一、克服心理壓力，用平常心與大人物來往

很多人一面對大人物，就會覺得壓力山大、緊張到手足無措。一方面，他們判定對方是某個領域的專家，必然不好打交道。他們也深信自己不夠優秀，所以一點自信心也沒有。實際上，大人物也是普通人，和正常人一樣有各種優缺點。因此，想要接觸大人物，先拋開內心的怯懦，再想想自己有哪些優點，並了解對方的興趣。但記住，情報還沒掌握清楚前，不要在他們面前班門弄斧，那樣只會弄巧成拙，讓對方覺得你講話不實在。

和大人物談話，不要過分諂媚和奉承，要清楚，你是去交朋友，而不是當對方的跟班或者下屬。若是準備洽談具體的專案或計畫，那一定要提前做好詳細的準備。不妨問問自己，如果換作是你，會願意考慮這個投資項目嗎？什麼內容會引起自己的興趣呢？

二、了解對方的品味，調整自己的穿著風格

要和大人物站在一起，衣著的品味最好跟對方相襯。我們不需要花錢去購買昂貴的衣服和配件，但一定要認真觀察對方的穿衣風格和喜好。舉例來說，比爾·蓋茲隨身佩戴的手錶價值才十美元，股神巴菲特的午餐不過是一頓麥當勞。因此，和比爾·蓋茲碰面，不需要全身穿上名牌服裝，或佩戴浮誇的首飾，只要得體就行。了解大人物的品味，就能猜測對方的處事態度。在外表上和對方的風格保持一致，他就會感到熟悉和親切。此外，多了解對方在商務上的需求，才能明確提出自己的目的。

三、不可消費對方的名氣、到處招搖撞騙

在小說《不朽》中，米蘭．昆德拉寫到，有位平凡女子貝蒂娜，她一生最大的願望就是成為不朽的人。為此她用盡心力，瘋狂地去結交名人，包括千方百計要成為詩人歌德的情人。歌德死後，她散布大量虛假的消息來塑造自己的形象。到了一九二〇年，貝蒂娜與歌德來往的原始信件公諸於世，眾人才識破這場騙局。這個故事警告我們，與大人物交往時，不要消費對方的名氣，否則你就只是在招搖撞騙而已。這不只會破壞你現在穩定的工作和生活，還減低他人對你的信任感，影響你未來的發展。

第六章
維持長久而穩定的人際關係

堅持自我，渴望勝利，永無止境。

堅持學習，奮戰不懈——這就是黑曼巴的精神，

是成功的祕訣。

——NBA巨星「小飛俠」布萊恩

打造值得信賴的形象

在人生的路上，絕不可打破這四樣東西：信任、關係、諾言和心。它們破碎時不會發出聲響，但當事人會非常痛苦。

——英國作家狄更斯

人際關係的基礎是信任，其次才是交流，想要維持長久而穩定的情誼，彼此一定要真誠相待。俗話說：「人無信而不立。」從古至今，人們都重視信任的價值，不論在工作還是生活領域，誠信是撐起一切的基石。

想要獲得他人的信任並不容易，尤其是得證明自己有多可靠。很多人總是抱怨，明明自己很值得信賴，身邊的人卻不這麼認為。不過，要建立信任感，一定要順其自然，不可以勉強對方。方法其實不難，具體的方針如下。

一、喚回對方的注意力

對方有沒有對自己感興趣，是否信任自己？最簡單的判斷方法，就是看相處時對方是否專心。如果對方有以下這些跡象，那也許你已經成為現場的布景了。

（1）眼神飄忽，心不在焉；
（2）機械式的反應，如無意識地點頭；
（3）對於你說的話沒有一點好奇心，也不主動提出話題；
（4）專心把玩手上的小東西，或是和旁邊的人竊竊私語；
（5）對你提出的問題沒有反應，不會主動回答；
（6）身體朝著遠離你的方向；
（7）眼睛看著你，但沒有精神；

（8）盯著現場各個角落，就是不看你。

談話時，如果對方出現上述反應，那麼他八成已經不信任你，也不想再進一步認識你，那麼要如何喚回他們的注意力呢？

首先，確認當前的話題對方是否感興趣。對方不熟悉的話題，你卻一直滔滔不絕地談論，對方自然會轉移注意力。這時，你得適當地轉入對方感興趣的話題，就算你不是很了解那個領域，但至少勾起對方想表達的欲望，這樣話題才能延續下去。其次，即使是對方感興趣的話題，也需要留意，你表達的看法是否太偏頗或是毫無見地，以至於對方會感到無聊。所以，回想一下交談過程，自己的用字遣詞是否得體，描述事情是否清楚。不要滿腦子只想表達意見，對方會覺得你太囉唆、沒有條理又沒有重點。找到問題所在之後，下次再調整自己的談話內容。

二、說些好故事，讓大家多認識你

把對方的注意力吸引過來之後，如何才能進一步建立信任感呢？方法很簡單，講故事！這跟行銷工作十分相似。許多專業人士都表示，講故事是最好的行銷方法。要獲得他人的信任，就像在行銷自己一樣，要努力展現自己的優點。說個好故事，就能引起對方的興趣，令他加深印象，進而讓更多人認識你。

如果你想強調自己有一些特殊的學習或工作經歷，那麼可以把以前的趣事拿出來分享。比方說，念大學時認識了有趣的同學和教授，或是前公司很有才華的同事。根據對方的談話內容，找出類似的事件，就可以引起他的共鳴。同學、前同事、親人，有些類似的故事每個人都會經歷過。談話時你來我往，不僅可以炒熱氣氛，還能在不經意間展露自己的經驗、能力與才華，讓對方覺得你值得信賴。

不過，如果當前的話題你不熟悉，但你還想保持熱絡，那可以適當地發問，讓對方興味盎然地講。比起不懂裝懂，這才是聊天的好方法。所以有時我們會說：「這領域我了解不多，但感覺上很有趣，請你多介紹一點。」

阿和剛進入公司時，十分不善言辭。前三個月，他只知道部門內有幾個同事，而且平常閒聊不超過十句。主管原本以為，阿和初來乍到，所以才不適應環境。而且那段時間，公司事情繁多，員工們確實沒有太多時間發展情誼。然而，工作滿一年後，阿和的社交範圍還是局限在自己的部門，其他同事對他沒什麼印象，自然也談不上有信任感。

後來，阿和的同事成為其他部門爭相邀請的合作夥伴，他才終於意識到自己的問題。他的社交方式限制他在公司的發展，讓他無法發揮自己的潛力。阿和原本希望在職場上有一點成就，但駿馬也需要有伯樂。雖然他才華洋溢，但沒有拓展社交圈，所以沒有在關鍵時刻好好表現，同事們也很難發自內心認可且信任他。

三、反覆確認細節，不怕被嫌棄

想要贏得信任，最直接的方法就是拿出我們的工作實力。每個人都需要為自己的工作負責，得不斷去解決問題。有時候，我們遇到的問題沒那麼難，唯一的麻煩只有主管或者合作單位不斷改變意見。在這種情況下，一定要確認他們的最終意見，避免執行方向錯誤、浪費時間，免得他人質疑我們的能力。很多人都不喜歡和主管反覆確認細節，擔心主管會不耐煩，進而質疑自己的理解能力。實際上，哪怕被人嫌囉唆，也好過錯誤百出的成果。

在和主管確認細節時，口氣不要太直接。如果他在幾種方案間猶豫不決，不斷推翻自己的決定，不妨在報告結束提出總結：「您的意見我整理了一下，大約可分為幾點；而按照某些標準，選擇A方案比較有利。」

海倫是業務部門的會計，工作十分繁瑣，包括確認外部合作的合約、核實結算表以及確認數據是否有更動等。為避免出錯，海倫不斷確認相關細節。每個星期，她都會詳細列出合約的特殊條件以及雙方約定的金額。在簽署合約前，她會自己做合約摘要，將重要資訊整理出來。只要是從她那裡給出的資料，一定都是最新的版本，極少出現錯誤。同事對她的印象都非常好，認為她辦事可靠，值得信任。

四、有實際行動才能建立信任感

想要得到信任，溝通意見是第一步。若信任度可分成十級，那透過溝通最多只能到達第五級，剩下的全靠實際行動。光說不練的人，不僅得不到他人信任，還會被列為拒絕往來戶。

舉個故事為例。有位將軍從沒上過戰場，但在參與軍事會議時，見解總是特別多，當中確實有些獨到之處。將軍最常說：「若我上了戰場，局勢必然不是這樣……」他總是誇誇其談，因此所有人都相信他是軍事天才。某天，敵軍騷擾邊境居民，皇帝大筆一揮，把這位「能征善戰」的將軍派到戰場。

結果，短短三天時間，我軍就敗得一塌糊塗。原來，初到戰場的將軍不打敵軍放在眼裡，所以沒有擬定戰略與戰術，一遇到強攻當然就被擊垮。他歷來都是紙上談兵，真的上了戰場，什麼都忘了，導致我軍大敗。此後，無人再提起那位將軍，他的軍事天才之名也成了笑話。

由此可知，唯有言行一致，才能獲取他人信賴。哪些人可以信任？每個人都有自己的標準與期待。而誇誇其談、名不副實的人，任誰都不能接受。無法取信於人，對方就不會願意進行深度的交流，更不會把我們當作朋友。所以，想要說到做到，獲得別人的信任，一定要注意自己說話的尺度。不要誇大個人能力或者捏造虛假的個人經歷，以免無力實現自己的承諾。此外，應該在人面前適度展現自己的個性與真實的一面。為了迎合對方，有些人會刻意隱瞞真實的自己。但沒有人可以表演一輩子，你的演出對方也不一定賞臉，還會當作你另有所圖。

眾所周知，「人無信而不立」，誠信是人際關係的基礎。想要成為受歡迎的人，拓展人際網路，一定要先建立彼此的信任感，才能有進一步朝正向發展的可能。人際關係的核心就在此。

反對也要有風度

在日常生活中，每個人的看法和意見都不可能一致。你所說的話，不會有人每句都贊同。舉例來說，討論公事時，同事們會提出不同的問題和看法；或者某人有事相求，你不願意接受，想要拒絕他。

先來說說工作上的矛盾。大家都會用會議時間來討論近期的工作狀況，透過不同的思維來迸發出新的靈感火花，以尋找到更好的方案。這種腦力激盪大多很有趣，從別人的論述中，能找到自己感興趣或想反駁的觀點。確切地說，討論能夠體現彼此的能力、學識和教養。那麼，如何才能適切地表達自己的觀點，又不影響你和與會者的關係呢？

一、資料準備充足，留意各方面的細節

每次會議和討論都會有主題，比方現階段遇到的問題、檢討前一陣子的業績或對未來的計畫。也就是說，我們參與討論的話題，大多數彼此都了解。在這種情況下，事先做好功課、準備資料就格外重要。比方說，在討論去年某部門的業績時，一定要拿出營業額等詳細資料，若是毫無準備、草草帶過，很容易被人認為粗心大意或者能力不夠。因此，盡可能準備好面對各種情況，最好使用第一手資料，避免被他人誤導而得出錯誤的結論。

關於這一點，有個故事流傳甚廣。某一天，兩個年輕人約翰和哈利一起去一家果菜貿易公司工作。三個月後，約翰成了部門主管，而哈利的職位和薪水卻都沒有變化。哈利心有不甘，認為自己的工作能力不比約翰差，因此去找總經理詢問原因。總經理沒有直接回答哈利的問題，而是當場指派了一個任務，請哈利去看看哪裡有馬鈴薯的貨源。哈利立刻出發，半個小時後興

高采烈地回來告訴總經理，二十公里外的果菜批發中心有貨。

總經理問他：「有幾家賣馬鈴薯的？」哈利啞口無言，他只看到有人在賣馬鈴薯，但沒有清點商家數量。二十分鐘後，哈利回來告訴總經理，這次清點過了，總共有三家。總經理又問：「那價格是多少？」哈利再次出發，半個小時後，他跑了回來，告訴總經理，每公斤一美元。

總經理接著問：「三家價格一樣嗎？」就在哈利準備再次出門時，總經理叫住他，改派約翰去完成任務。四十分鐘後，約翰回來了，他向總經理彙報說：「批發中心有三家賣馬鈴薯的商家，兩家的價格是每公斤零點九美元，另外一家是每公斤零點八美元。從品質上看，零點八美元一公斤的馬鈴薯最好，是老闆自家種植的，購買量大的話，可以給我們優惠，而且不用運費，會親自送達。我已經把人帶過來了，您要現在見一見他嗎？」總經理讓約翰自行處理後續事宜，然後看著哈利問道：「如果是你，你會選擇晉升誰呢？」

二、討論時避免針鋒相對

討論時，切記要保持冷靜，不可挑戰彼此的底線。有時問題太尖銳、表達方式太直接或是態度不佳，大家難免會針鋒相對。在這個時候，我們一定要保持冷靜，不要讓憤怒或慌張打亂自己的談話節奏。

如果對方提出尖銳、緊迫盯人的問題，一定要你選邊站，或者要你對負面消息發表意見，這時你要避免顯露慌張、不安的神色。在他人看來，你心虛的樣子，顯現你心理素質不夠強。這個時候，不妨請大家喘口氣，一來為自己爭取緩衝時間，讓心情沉澱一下，並分析對方如此提問的意圖。你可以這樣回應：「關於這個問題，我仔細想了一下，應該要列出可能的情況，再來做決定。」

如果對方提出無理的質疑，你就冷靜地看著對方，專心思考想要闡述的論點，表情自然就好。為了掌握討論的焦點與核心，你可以先請對方緩一緩，等你闡述完論點後，就會詳加分析他的問題。你可以說：「你提出的問題很好，我稍後要闡述的論點正好可以解答。」有時對方的問題跟你當時的論點無關，那就可以說：「你提的問題屬於另一個領域，和我目前的研究沒有直接關連，會後我們再一起討論看看。」或者說：「你指出的問題，不在我的業務範圍，我幫你聯繫相關的負責人。」

三、不要輕易給出絕對的承諾

在某些場合中，當你提出不同意見，對方反而會用暗示性的話語引導你做出承諾，甚至要求你絕不可反悔。比方說，你提出反對意見後，對方便說：「照你的說法，那我們採用另一個方案，事情一定可以成功？」或者說：「你確定另一套計畫就管用嗎？你敢掛保證嗎？」在這種情況下，絕不要立刻給出承諾，避免脫口而出的話變成把柄。你可以總結之前討論過的內容和資料，引導大家一起找出適當的解方。

四、控制場面，避免更激烈的衝突

討論時，若氣氛已經火藥味十足，雙方都無法冷靜表達看法，話題已經偏離本來要討論的內容，那就要控制住場面，避免進一步的衝突。首先要找回焦點，你可以說：「我們本來要討論的不是這個問題，重新再來一遍好嗎？」或者說：「現在的討論很有趣，可惜時間有限，還是回到正題好了。」其次，討論陷入僵局的話，不要想贏過對方，而是一起去解決問題。這場比賽只有雙贏的結果，而非零和遊戲。所以，適當地向對方遞出橄欖枝，尊重對方的意見，將對方和自己的不同意見並列，便於雙方做下一步判斷。

在工作中，我們有時得提出反對意見，日常生活也是，但很不容易說出口。對很多人來說，提出反對意見，怕會危及彼此的關係。有時為了面子，我們不得不違背自己的心意，以答應別人的要求。殊不知，真正的交流就是有來有往，提出反對意見，不但能表達你的想法，也能顯示你的底線，對方便懂得更尊重你。著名作家三毛說過：「不要害怕拒絕別人，如果自己的理由出於正當。當一個人開口提出要求的時候，他的心裡根本預備好了兩種答案。所以，給他其中任何一個答案，都是意料中的。」

因此，向熟悉的人表達我們心裡的想法，也能證明彼此的關係很密切。如果連真實的情緒和態度都不敢表露，那彼此的友好關係只是假象。你的反對意見不會把對方推開，還能讓雙方的感情更密切。畢竟，每個人都想要真正的朋友，而非應聲蟲。

有權利反對，並不代表你的態度就可以隨意。你可以在尊重對方的基礎上，態度溫和地提出自己的反對意見和反對理由，但語氣一定要堅定，避免讓對方覺得還有機會，從而花費更多時間與你周旋。在人際交往中，最忌諱的就是原本答應了對方，事到臨頭的時候又反悔，這才是真正影響或者說考驗你們之間關係的難題。所以，合理地提出反對意見，不僅可以避免浪費彼此的時間，也可以避免心不甘情不願的允諾，最終造成不滿意的結果，要達成高效的人際交往，一定要注意這個重要環節。

滴水穿石，唯有把交流變成習慣，才能打造堅實的社交圈

在這本書的前幾章中，我們了解人際交往的相關知識，並學會正確地拓展人際網路。在本節中，我們將會了解，建立人際關係之後，如何讓它往良性的方向發展，以逐步加深連結。

一、把維持人際關係當成習慣

建立人際關係不只是說幾句話、做幾個動作而已，我們得花費時間和精力，不斷地努力，才能贏得對方的信任。想要長久地解決自己的社交問題，就得先在腦海中打造理想中的形象，引導自己相信，自己是社交達人。利用認知失調的心理學效應，不斷矯正自己的行為，最終就能變成理想中的自己。

史丹佛大學的心理學家進行過這樣的實驗。研究人員假扮成志工，在某

個社區宣導交通安全。他們挨家挨戶地請求居民，讓他們在花園草坪上放置一塊巨大的安全駕駛告示牌。這塊招牌又大又毫無美感，大多數居民都一口拒絕，但有一戶居民同意了。放置牌子後，這家人還開始宣導安全駕駛的重要性。事實上，這家人在草坪上放置告示牌後，自我認知轉變了，也想成為交通安全大使，進而開始投入宣導工作。

舉個更簡單的例子，我念書的時候並不擅長物理，沒想到高中時的新任物理老師指定我當課堂助教，但那一般都是由成績比較突出的同學擔任。我內心緊張不已，開始拼命惡補，生怕有人提問自己卻答不出來，然後被人取笑是不合格的助教。慢慢地，我的物理成績逐漸提高，最終名列前茅，成了名副其實的物理小老師。

因此，想要人際關係穩定發展，就得重新定位自己的形象。只要要相信自己是社交達人，你的人際網路一定能逐步改善，和他人的關係會越來越緊密。把第五章講解過的方法和守則，運用到日常生活中，讓它們成為習慣，你自然而然會轉變了。常常和他人交流，讓它成為你生活的習慣，就像打開手機看新聞那麼簡單。這麼一來，你就能跟人保有長長久久的交情。

二、感情的交流有來有往，切勿一味索取或盲目付出

我們在前面強調過，不要讓人際交往的過程充滿功利味，但並不代表不能互通有無。我們可以思考兩個問題：「我能為對方提供什麼」以及「對方能為我提供什麼」。

先說第一個問題。很多人不喜歡人際交往，原因就在於，不喜歡一直去討好對方。有人思考過更深層的原因嗎？與人來往絕不是去討好對方，而是要展現自己的能力與才華，得到對方的欣賞，交情自然水到渠成。

舉例來說，小曼在某公司擔任平面設計，她善於結交朋友，懂得如何與主管和同事溝通，很快就融入大團體，成為焦點人物。憑藉高超的社交技巧，她能夠接到重大的工作，但同期入職的大衛表現就沒這麼好了。薪水和

績效是上班最重要的事，而小曼是名副其實的贏家。然而，她的優勢卻沒有維持很久。

原來，小曼的溝通能力雖然好，但設計的作品卻沒有很細膩，創意也很一般。大衛的設計理念新穎且具有美感，完稿速度也很快。為了得到更精美的作品，很多人慢慢選擇去跟大衛合作。即使他們跟小曼感情較好。對小曼而言，這是個巨大的打擊，她確實善於交朋友，但卻忘了，友情不是空中樓閣，而是需要堅實的基礎。小曼能夠提供的專業服務，對方並不需要。因此，她得問問自己，自己的能力是否符合客戶的需求呢？

所以，想要讓人際關係維持下去，就需要不斷地提升自己。一直進步，才能為更多人提供專業的服務，才會成為他人眼中的「績優股」。

再說說第二個問題：「對方能為我提供什麼？」發展人際關係，除了有心理和感情上的需求，還有生活、工作上的問題要解決。在生活中，我們遇到問題時，總會去徵求朋友的意見。我們真心相信，朋友能給我們中肯的意見，也能夠幫助我們。朋友之間都有感情，也會有實質的交流。因此，我們在衡量一段友誼的深度時，會想起對方為自己做的事。

如果你沒有付出任何形式的報酬，而只是一味地從對方那裡獲得好處，那友情很會就會結束。相對地，若你一直在付出，對方卻消極接受，那你們的關係就會往負面方向發展。

舉例來說，小朱和小傑是好朋友，兩人的友誼從高中就開始了。大學畢業後，他們選擇去大城市發展，合租了一個公寓，隨後分別到不同的公司上班。一開始，兩人感覺還是像大學時一樣，每天下班一起打電動、做飯，相處非常融洽。但隨著時間的流逝，小朱漸漸產生不滿。因為小傑在工作和生活上都非常懶惰。

剛開始合租的時候，小傑還會做些家務，但沒幾天就不做了，小朱請他打掃，他也不情不願，敷衍了事。公司請小傑提交產品的簡報檔，但小傑拜託小朱幫他完成，說法也總是那句「我們是好兄弟」，全然不顧小朱工作也十分忙碌。合租了不過半年，兩人的關係就瀕臨崩解。小傑認為小朱斤斤計較，卻從未反省自己的行為；小朱覺得自己付出太多，非常不值得。沒多久，小朱就找藉口搬出去，和別的朋友合租了房子。

在這個案例中，小傑的無賴行徑，一點一滴消磨彼此的友誼，而小朱的一味付出則讓自己疲憊不已。由此可見，只有公平對待彼此，才能打下良好的關係基礎，促使雙方關係持續發展。

三、保持耐心，沒有一蹴而就的成功

要成為社交達人，不是一件簡單的事情。在一夕之間，人很難有什麼重大轉變。很多時候，我們需要付出更多的耐心，慢滿養成習慣，才有能看到改變的契機。

倫敦大學的心理學家勒理（Phillippa Lally）和同事設計了一項實驗。他們招募了九十六名參與者，請他們每天重複一項健康活動，並堅持十二週。

每個人都可以自由選擇難度不同的活動，如「早起喝一杯水」或「每天跑步十五分鐘」。研究人員會觀察，記錄時間，看看這些活動多久會變成習慣。研究結果表明，平均下來，每個人至少需要兩個月才能形成一個習慣。也就是說，我們養成一個習慣差不多要六十六天，而非網上流傳的二十一天。

事實上，科學家算出二十一天這個時間週期，不是指養成習慣的時間。正確來說，人們至少需要二十一天才能改變心理意象。舉例而言，有人如果接受整形手術，那他至少需要二十一天才能習慣自己的新形象。所以，我們無法在二十一天後養成習慣，因為它只是一個心理週期。每個人都希望改變立刻發生、工作馬上完成、事業即刻成功，但這些都不切實際的。所有一切的轉變，唯有堅持不懈，才能看到成果。

所以，不要指望自己能馬上成為社交達人。與人交流是一門學問，你得花時間去理解前面提到的知識，然後將它們融入生活中，並轉化為習慣。你只需要相信自己，一步一步進行，那一定可以實現它！

網路時代的社交準則

隨著時代的發展，社交的管道越來越多。我們在上面提到的各種人際關係問題，不但會出現在現實的社交場合，也會發生在虛擬的網路世界。接下來，我們具體提出當下幾種常見的社交問題。

一、電子郵件

據統計，在二〇一五年，全球電子郵件使用者數量為二十五點九億人，全球每天收發的電郵次數為兩千零五十六億次。預計到二〇一九年，電子郵件使用者將逼近三十億人，全球每天收發郵件的次數將達到二千四百六十五億次。全球有二十億的人為了工作在接發郵件。若是按照全球人口七十億來計算，每五個人中就有一個人在使用電子郵件工作。它是如此常用的工具，是社交活動中不可忽視的一環。很多人都認為這項工作不難，但事實真的如此嗎？

舉例來說。史蒂夫在版權公司任職，平均每天收發的電郵超過五十封。他說，自己和郵件系統磨合了一年，才真正懂得如何好好操作。剛剛開始工作的時候，史蒂夫不覺得這項工作很難。但日子久了，他逐漸發現，寫信不單單是發出訊息，而是遞給合作單位與客戶的第一張名片。

他工作了五個月後，接手了新業務，負責將某作家的書推薦到國外去。他先和作家溝通具體的合作條件，但對方不知為何有些生氣，並且在信上說：「難以溝通！」史蒂夫第一次遇到這種情況，不免有些慌張，於是趕緊約這位作家當面溝通。

史蒂夫聽到作家的解釋後，才意識到自己在郵件中某些語句表達不清，才會令人產生不耐煩的情緒。此後，他在寫電郵的時候，每句話都會仔細斟酌，文筆與措詞都很得體。所以很多和他通過信的人，第一次見面時都會親切地和他打招呼，彷彿多年未見的朋友。

電郵的便利性毋庸置疑，不僅可以節省時間，快速和對方溝通訊息，也能作為憑證，記錄每一個細節。但是，如果使用不當，也會帶來很大的麻煩，影響我們和他人之間的關係。用字遣詞不當的話，就會直接影響他人對我們的印象。

舉個例子，我之前有一位同事，工作上特別喜歡拖延，回信更是如此。她總是忽略合作單位的信件，很少及時回覆。以至於合作單位不得不請其他同事去轉達。她總是用忙碌當藉口，才會沒看到郵件。遇到特別緊急的事情，她也是一拖再拖。合作單位氣到拒絕往來，往後除非有不得已的情況，否則絕不會和她連絡。如今，她想要拜訪合作單位，都還要拜託同事幫忙約時間，因為對方壓根就不想接待她。

上面的例子點出很多問題。每天收發的電郵很多，不是每一封都要對方回信，收到的信你也不一定要回，但重要、緊急的郵件一定要優先處理。為自己的工作排出先後順序，重要的事情彼此都要即時回應。人與人面對面溝通時，能透過表情展現態度，雖然如此，透過文字交換訊息，才是溝通最主要的目的。

那麼，如何透過電子郵件打造良好的社交關係呢？

首先，標題要簡潔、重點要明顯，對方才能快速了解郵件內容。

我們每天都會收到大量的電郵，想要讓別人迅速掌握重點，標題就要清楚明白。透過標題，我們馬上就可以決定它的分類和重要性。因此，標題欄絕不可空白，一定要簡潔，並點出重點與來信的目的。比方說，如果是寄發邀請函，那最好註明邀請人、時間和地點。若是有緊急事項要聯繫，可加上「急」字和重點內容，但要注意，不需要寫出全部內容，資訊過多，收件人反而抓不到重點掩蓋，失去仔細閱讀的欲望。

其次，行文條理要清晰，不要談多餘的內容。

電郵不是真正的一對一對話，所以要記得，寒暄、客套的禮節不要太長，儘快切入正題，有條理、清楚地列出想要詢問的事項。回答問題時，直接引用對方來信的內容，這樣雙方的理解才不會有落差。若想表達重大訊息，可以在句子上加粗或變色，以提醒對方注意。若是英文郵件，要注意文法、拼音是否有錯誤，稱呼是否正確等。

第三，注意郵件的機密等級，轉發或是選擇副本收件人時要再三確認。有時我們需要大量發信，但要注意收件人之間的關係，最好不要讓對方在收件人那一欄看到他的競爭對手，最好採用一對一的發送方式。此外，選擇副本收件人的時候，絕不可放入不相關的人，以防資訊洩露。

最後，在正文簡短說清楚，最好不要用附件。

很多人覺得打字很麻煩，所以只有加上附件。如果你想要溝通的內容比較簡短，當然可以這麼做。否則，很多人在正文中看不到你想表達的內容，而下載附件又費時費力，就會先將你的信擱置一邊，那你的問題就很難得到優先處理。

二、社交軟體

如今，各種各樣的社交軟體佔領了我們的生活，每個人都會透過它和朋友或是工作上的夥伴交流。我們能隨時看到網友分享生活和工作的資訊，快速了解對方的生活。你可以用它們取得第一手資料，包括對方的喜好、工作狀態等，並據此調整交流的內容。你也可以跟網友分享自己的工作和生活，讓他們多了解你，以建立雙向的資訊交流。社交軟體有個最大的優點，就是跳脫時間與空間的限制。你可以跟同事在非上班時間有更多交流。你們可以放下嚴肅的同事關係，用輕鬆和隨性的態度交談，為彼此提供多樣的休閒娛樂。

你能透過社交軟體展現個人特色，也可以打造私人的分享空間，在使用過程中需要注意些什麼呢？

（1）注意你自己的真實身分，不要亂開玩笑

在社交軟體上，人與人雖然很快拉近距離，卻又鍍上一層保護罩，可以躲在螢幕後面暢所欲言。但事實上，網路世界並不完全脫離現實，你依舊是你。隨意罵人、亂開玩笑，只會讓人對你產生反感，把不好的印象傳遞給他的朋友，讓你的名聲越來越差。

小雷很喜歡玩社交軟體，因為工作需要，名單上的連絡人除了朋友和同事，還有很多業務上的客戶。有次，大家在群組討論旅遊的經驗，小雷也很興奮地發表看法。說到住宿問題時，女性同事提出了安全及衛生上要注意的細節。就在這時，小雷講了個黃色笑話，內容非常令人反感。群組馬上安靜下來，根本沒人接話。小雷這才發現講錯話，趕緊澄清自己是在開玩笑。但群組中有一位合作單位的業務主管。雖然小雷努力解釋，但已經給人留下壞印象，認為小雷說話沒分寸又自大。

（2）語音聊天要注意場合

很多社交軟體都有語音聊天功能，非常方便，能夠節省交流的時間。但是，接聽語音有時不是很方便，尤其對方在公開場合的話，若不透過耳機，恐怕很難聽清楚內容，播放音量過大，還會干擾他人。而且，語音不像文字便於記錄，所以溝通重要事情時，最好還是用文字訊息。若是希望透過語音交流，可以先詢問對方是否方便。此外，通話時，注意避免囉唆，不要自顧自地講完一大段話，當中卻毫無重點，反而增加溝通成本。

（3）緊急的事情要透過多種管道去聯繫

當前若有非常緊急的事情要處理，就不能只透過社交軟體去聯繫。首先，社交軟體中的訊息很容易被淹沒，對方不一定能即時收到通知、立刻查看。社交軟體的訊息量太大，所以我們對於新消息越來越不敏感。對大多數人來說，社交軟體上的消息，其緊急程度絕對低於電話。所以，不要發訊息後就什麼都不做，遇到緊急的情況，就拿起電話溝通吧。

（4）上線不回覆訊息

有些軟體會顯示我們是上線或離線。對方若看到你上線，卻老是對訊息不讀不回，就感覺不受到尊重。所以若你真的很忙，就把狀態調整為繁忙或離線，等到空閒下來再回訊。有些軟體不會顯示狀態，但如果你沒有回訊，卻在自己的社群網站上貼文，就很容易引起別人的反感，覺得你不在乎他。社交軟體雖然很方便，也增加了許多人際交往的陷阱，要小心避開。

（5）發太多訊息

透過社交軟體溝通時，很難判定對方是否上線。有些人不在意這一點，自顧自地不斷傳送訊息。對方必須空出時間，翻閱你留下的大量訊息，才能弄清楚你想傳達的內容。對方得想辦法弄懂你的意思，還會覺得你咄咄逼人，彷彿不收到訊息絕不甘休。強迫他人回應，很容易引起對方反感。

BIG 375

人脈致富：解鎖溝通力，突破社交困境，累積人際紅利的關鍵法則

作　者—王勵新
主　編—郭香君
責任編輯—許越智
責任企畫—張瑋之
美術設計—倪旻鋒
內文排版—張瑜卿

編輯總監—蘇清霖
董 事 長—趙政岷
出 版 者—時報文化出版企業股份有限公司
一〇八〇一九臺北市和平西路三段二四〇號四樓
發行專線／（〇二）二三〇六—六八四二
讀者服務專線／〇八〇〇—二三一—七〇五
（〇二）二三〇四—七一〇三
讀者服務傳真／（〇二）二三〇四—六八五八
郵撥／一九三四—四七二四時報文化出版公司
信箱／一〇八九九臺北華江橋郵局第九九信箱

時報悅讀網—www.readingtimes.com.tw
綠活線臉書—https://www.facebook.com/readingtimesgreenlife
法律顧問—理律法律事務所　陳長文律師、李念祖律師
印　刷—紘億印刷有限公司
初版一刷—二〇二一年十月二十二日
定　價—新台幣二八〇元

人脈致富：解鎖溝通力，突破社交困境，累積人際紅利的關鍵法則／王勵新著
--- 初版 --- 臺北市：時報文化出版企業股份有限公司，2021.10
面；14.8×21 公分. ---（BIG 375）
ISBN 978-957-13-9456-5（平裝）
1. 人際關係　2. 成功法

177.3　　110015408

本書 臺灣繁體版 由四川一覽文化傳播廣告有限公司代理，
經江蘇酷威文化發展有限公司 授權出版

時報文化出版公司成立於一九七五年，並於一九九九年股票上櫃公開發行，
於二〇〇八年脫離中時集團非屬旺中，以「尊重智慧與創意的文化事業」為信念。

ISBN 978-957-13-9456-5
Printed in Taiwan